Aktiv lernen

Oberfläche und Volumen

Quader und Würfel begreifen und berechnen

Ab 10 Jahren

Gabriele Erber

Illustriert von
Margit Feyerer-Fleischanderl

VERITAS

INHALTSVERZEICHNIS

Diese mathematischen Fachausdrücke kommen vor

WAS DICH ERWARTET ...

Echt super, dass du dein mathematisches Können tüchtig aufpolieren möchtest. Mit Hilfe dieses Heftes gelingt dir das bestimmt ganz leicht.

Dieses Heft beinhaltet drei Schwerpunkte:

- Zuerst wird dir ein **Thema vorgestellt** und **erklärt**. Dann führen dich Überlegungsaufgaben und vorgerechnete Beispiele zum selbstständigen Üben hin.
- **Übungsbeispiele** und **„Kniffelfixaufgaben"** bringen deine kleinen grauen Gehirnzellen so richtig auf Touren.
- **Konzentrationsübungen** und praktische **Lerntipps** erleichtern dir das Lernen. Damit auch dein Body nicht zu kurz kommt, gibt es **Kurzturn- und Entspannungsübungen**.

Lies dir die Erklärungen und Beispiele am Anfang der einzelnen Abschnitte aufmerksam durch, dann wirst du die Übungsaufgaben ganz bestimmt ohne fremde Hilfe problemlos lösen können.
Viele Aufgaben kannst du in diesem Heft bearbeiten, aber nicht immer ist genügend Platz zum Rechnen und Zeichnen. Verwende daher ein zusätzliches Übungsheft.
Deine Ergebnisse kontrollierst du, indem du die rote Folie über den Lösungsblock legst. Hake farbig ab, was richtig ist – so siehst du auf einen Blick, was du schon geschafft hast.
Echt cool sind die beiden Modelle auf Seite 31. Sie werden dir besonders bei den Kniffelfixaufgaben eine große Hilfe sein.

So, nun nichts wie rann an die Arbeit, denn trotz allem gilt das alte Sprichwort: „Ohne Fleiß kein Preis!"

Viel Erfolg und Spaß beim Rechnen und „Kniffeln" wünscht dir

Gabriele Erber

Was hier steht, musst du dir **gut merken!**

Super, du hast es kapiert!

RECHENREZEPT:

Hier bekommst du auf die Frage „Oje, wie geht denn das?", kurz und bündig Antwort.

LIEBE ELTERN, LIEBE LEHRERINNEN!

Dieser Band **„Quader und Würfel"** aus der Reihe **„Aktiv lernen"** ist speziell auf den Stoff der **5. Schulstufe** abgestimmt. Er ist vorrangig als Übungsheft konzipiert und eignet sich als Ergänzung zu jedem Mathematik-Schulbuch dieser Altersgruppe.
Im Vordergrund steht das **selbstständige Üben** und **Freude am Rechnen und Kniffeln**. Daher sind mathematische Erklärungen möglichst kurz gehalten und in eine für Kinder leicht verständliche Sprache verpackt. Viele Überlegungsaufgaben dienen speziell der Schulung des räumlichen Vorstellungsvermögens. Das Übungsangebot ist so gewählt, dass besonders Kinder, die Schwierigkeiten haben, geometrische Begriffe mit konkreten Vorstellungen zu verbinden bzw. die Formeln für Oberfläche und Volumen richtig anzuwenden, relativ leicht damit zurechtkommen. Es werden daher bewusst keine Rechnungen mit Variablen und keine Beispiele mit höherem Schwierigkeitsgrad in diesem Band behandelt. Die SchülerInnen, die mit diesem Heft arbeiten, sollen das Üben nicht als Strafarbeit empfinden, sondern als **Hilfe**, um damit etwaige **mathematische Lücken aufzufüllen** bzw. bereits **Erlerntes zu festigen**.
Sollten Sie mit Ihren Kindern/SchülerInnen gemeinsam „kniffeln", so wünsche ich Ihnen dabei viel Freude!

Mega out ist stundenlanges Hausübung-Schreiben und Büffeln und so kostbare Freizeit vertrödeln. Stark in dagegen ist **Zeiteinteilung**. Du bist dein eigener **Time-Manager**.

Teile deine Aufgaben genau in **Lerneinheiten** und **aktive Lernpausen** (siehe Seite 11) ein. Du liegst total im Trend, wenn du auch für daheim einen **Stundenplan** (Wochenplan) anlegst. Plane dabei genügend **Zeit zum Wiederholen** des Lernstoffes ein.

Gutes Management ist die halbe Arbeit und macht Spaß!!!

QUADER UND WÜRFEL

So erkennst du

einen Quader | **einen Würfel**

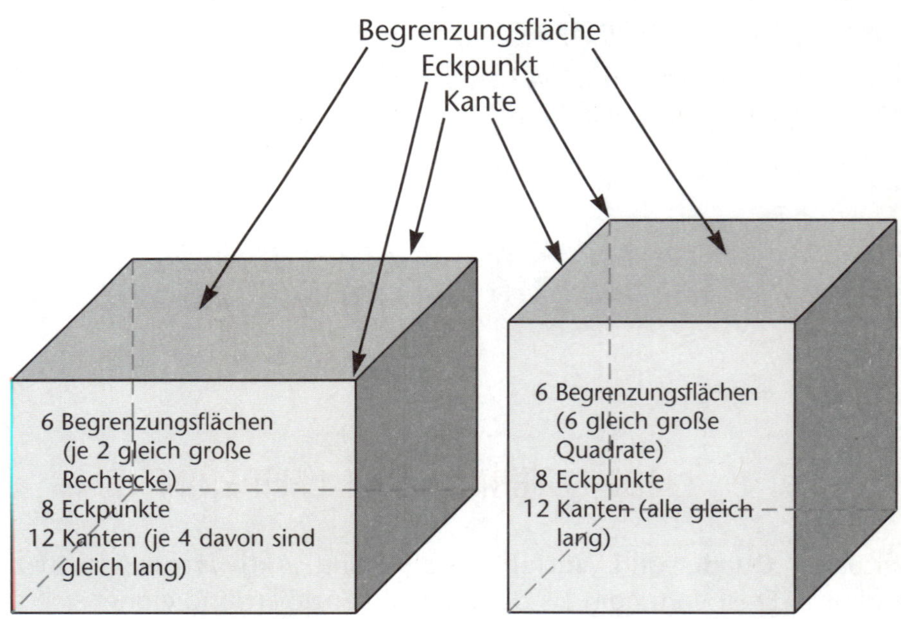

Ü1 Ziehe die sichtbaren Kanten des Quaders und Würfels rot nach und die nicht sichtbaren Kanten (strichliert) ziehe blau nach.

L2

Ü2 Kreuze die richtige Antwort an:

	JA	NEIN
a) Ist jeder Würfel ein Quader?	☐	☐
b) Ist jeder Quader ein Würfel?	☐	☐
c) Stoßen an jeder Kante zwei Flächen zusammen?	☐	☐
d) Gehen von jeder Ecke 4 Kanten aus?	☐	☐

Quader, Würfel und andere geometrische Körper

Ü1 In vielen Dingen des täglichen Lebens sind geometrische Körperformen versteckt. Welche Körper stecken (manchmal auch nur ungefähr) in diesen Gegenständen? Schreib die Namen der Körper zu den entsprechenden Bildern.

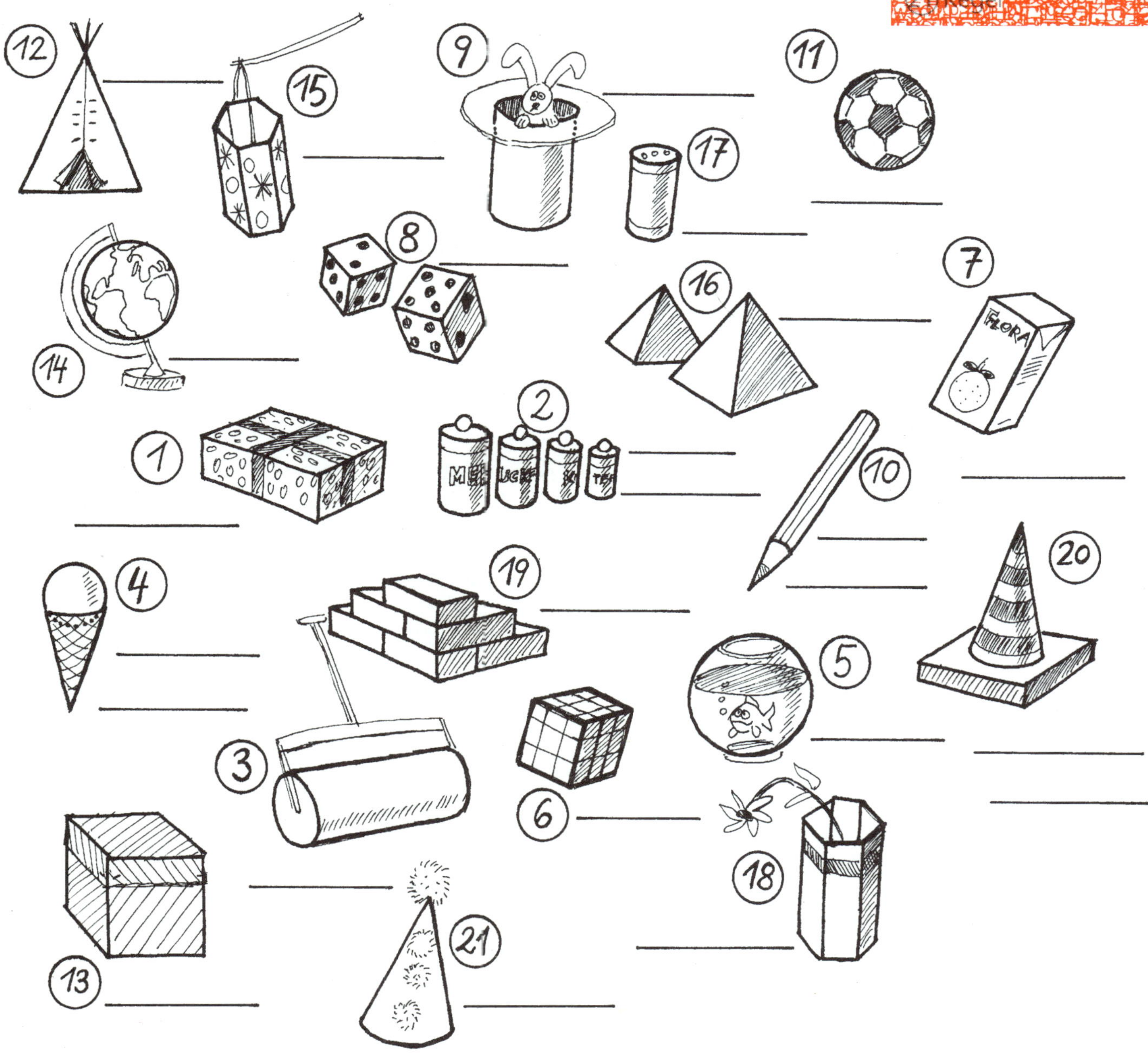

L1

1 Quader
2 Zylinder und Kugel
3 Zylinder
4 Kegel und Kugel
5 Kugel 6 Würfel
7 Quader 8 Würfel
9 Zylinder
10 Zylinder und Kegel
11 Kugel 12 Pyramide
13 Würfel 14 Kugel
15 Prisma 16 Pyramide
17 Zylinder 18 Prisma
19 Quader
20 Kegel und Quader
21 Kegel

Geometrische Körper selbst herstellen

Wenn du ein **Flächenmodell** bauen willst, musst du zuerst die **Begrenzungsflächen** (das sind die Flächen, aus denen der Körper besteht) auf dünnen Karton aufzeichnen, dann ausschneiden und zusammenkleben.

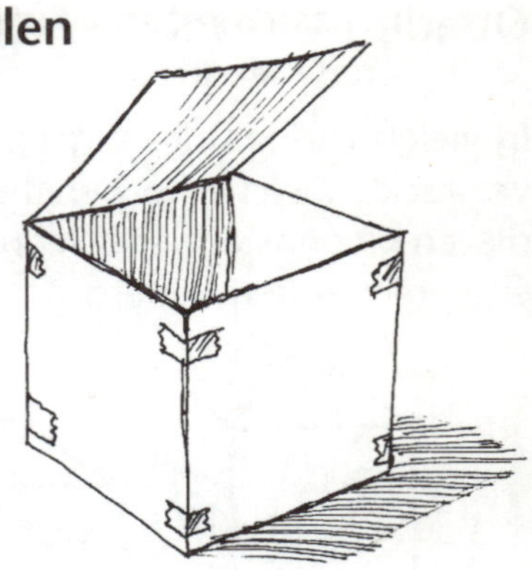

L1

1 Quadrat und
4 Dreiecken, die alle
gleich groß sind.

Ü1 Das ist der „Bauplan“ für eine quadratische Pyramide.
Sie besteht aus:

___ Quadrat und

___ Dreiecken, die alle _________

________ sind.

Natürlich kannst du die einzelnen Flächen auch zusammenhängen, ausschneiden und zusammenfalten. Dann sieht der „Bauplan“ so aus:

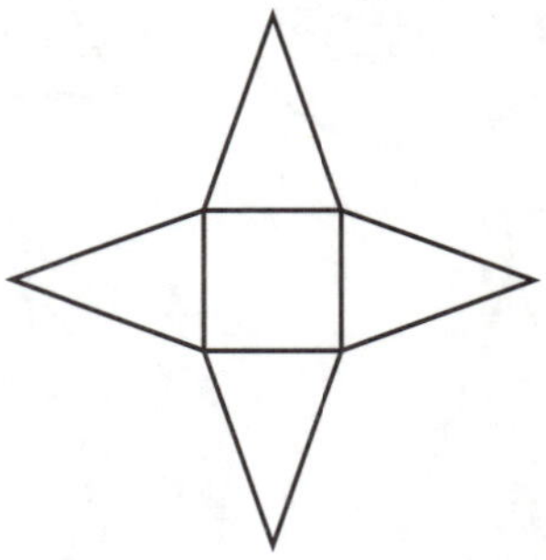

(Wenn du dünne Falzstreifen dazu zeichnest, kannst du dein Modell auch mit Uhu zusammenkleben.)

Wenn du ein **Kantenmodell** bauen willst, brauchst du geeignetes Material für die Eckpunkte und **Kanten**, z. B.:

- Kastanien und Holzstäbchen zum Stecken oder
- kurze Drahtstücke und Strohhalme:
  Drehe für je eine Ecke zwei Verschlussklipse von Tiefkühlsackerln oder zwei Stücke dünnen Draht zusammen.

L2

5 Kastanien
8 Stäbchen
je 4 gleich lang

Ü2 Baue die gleiche Pyramide wie oben als Kantenmodell.
Du brauchst dazu:

___ Kastanien (für die „Eckpunkte“) und ___ Stäbchen (für die Kanten),

davon müssen je ___ gleich lang sein.

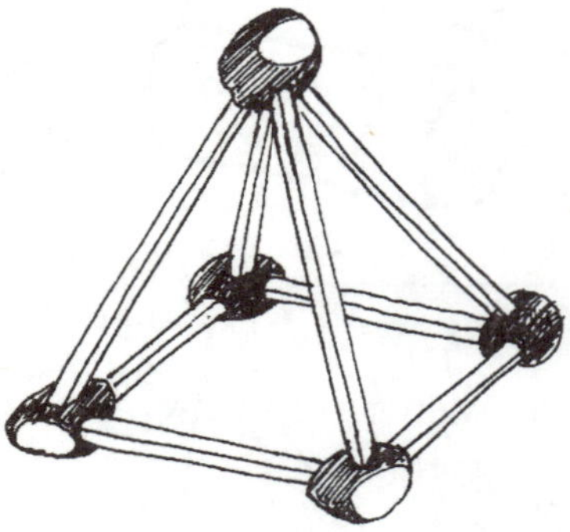

Ü1 Kniffelfix bastelt einen Würfel (Kantenlänge 18,5 cm) aus Holzstäbchen (z. B. Schaschlikspießen) und Kastanien.

a) Er braucht dazu _____ Kastanien und _____ Stäbchen.
b) Welche Länge ergeben die Stäbchen, wenn er sie alle aneinander reiht?

L1
a) 8 Kastanien und 12 Stäbchen
b) 222 cm

Ü2 Ein Juwelier erzeugt kleine Anhänger: Kantenmodelle von Würfeln und Quadern.

a) Für einen Würfel benötigt er 108 mm Golddraht. Wie lang ist eine Würfelkante?
b) Wie viele cm Silberdraht benötigt er für einen quaderförmigen Anhänger, der 1,5 cm lang, 1 cm breit und 2 cm hoch ist.

L2
a) $12 \cdot a = 108$
$a = 9$ mm
b) 18 cm

So beschriftest du

Ü3

einen Quader

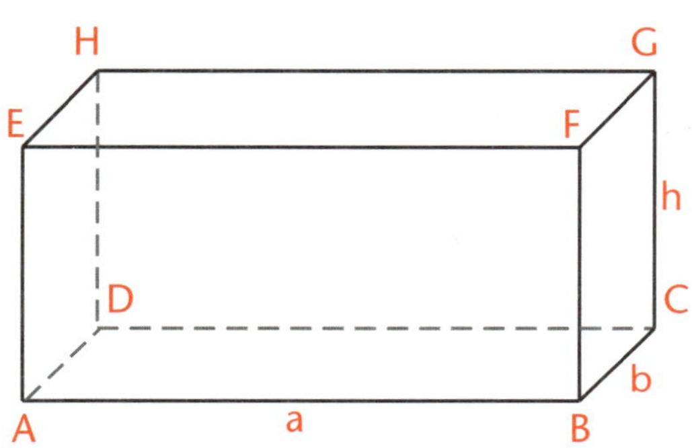

einen Würfel

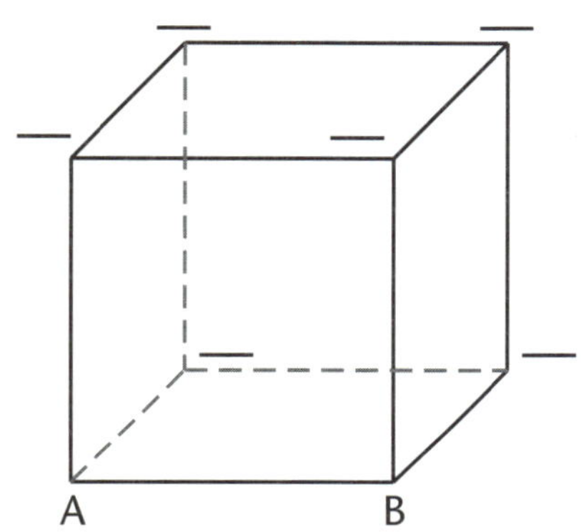

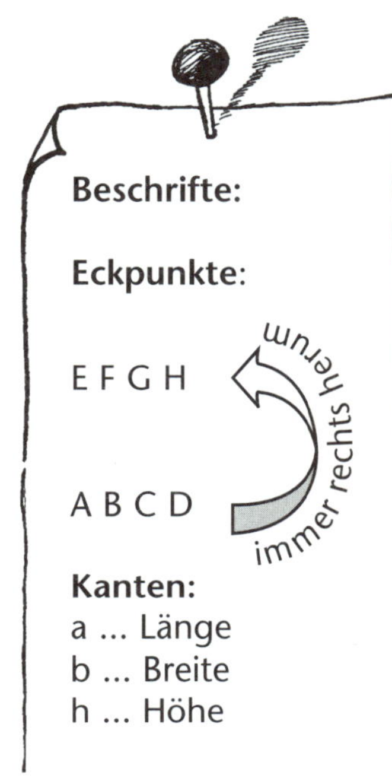

L3

Raumdiagonalen

Wenn du einen **unteren** Eckpunkt im Quader bzw. im Würfel mit einem schräg gegenüberliegenden **oberen** Eckpunkt verbindest, erhältst du eine **Raumdiagonale**.

Ü4

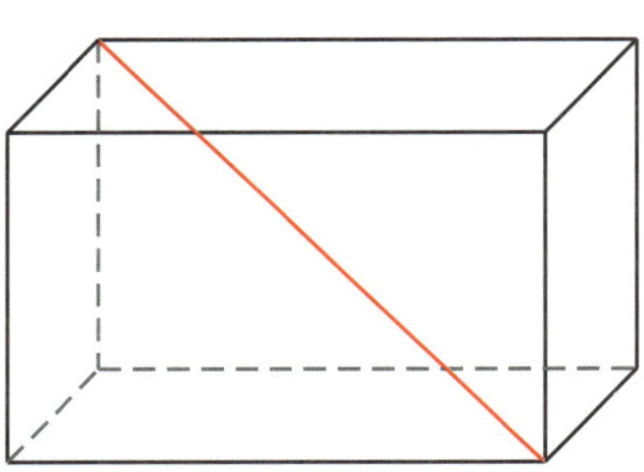

Zeichne alle Raumdiagonalen ein.

a) Es gibt insgesamt

____ Raumdiagonalen.

	JA	NEIN
b) Sind sie alle gleich lang?	☐	☐
c) Halbieren sie einander?	☐	☐
d) Stehen sie aufeinander normal?	☐	☐
e) Schneiden sie einander in einem Punkt?	☐	☐

L4
a) 4
b) ja
c) ja
d) nein
e) ja

Du kannst die Raumdiagonalen ganz easy in ein Kantenmodell „einbauen" und deine Antworten überprüfen. Dazu musst du nur die Länge der Raumdiagonalen richtig „einpassen".

Heute gibst du dir´s einmal so richtig **urig**.

Hüpfe am Platz, hebe dabei abwechselnd die Knie hoch und berühre mit der **linken Hand** die **rechte Ferse** und umgekehrt. Halte mindestens 2 Minuten durch, dann bist du fit für die nächste Lerneinheit.
Oder: Du hebst die **Fersen nach hinten** hoch und berührst sie abwechselnd mit der rechten und linken Hand **hinter deinem Rücken**.

Jodeln brauchst du nicht unbedingt, aber Musik kann nicht schaden.

NETZE

Quadernetze

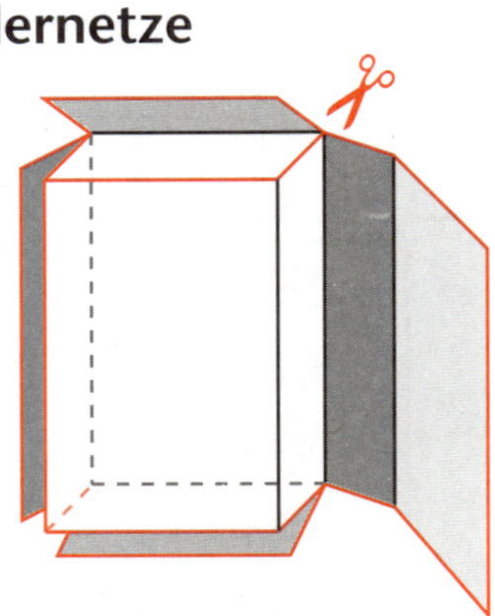

Kniffelfix schneidet diese quaderförmige Schachtel entlang der roten Kanten auf und legt das „Gebilde" dann auf den Tisch.

Ü1

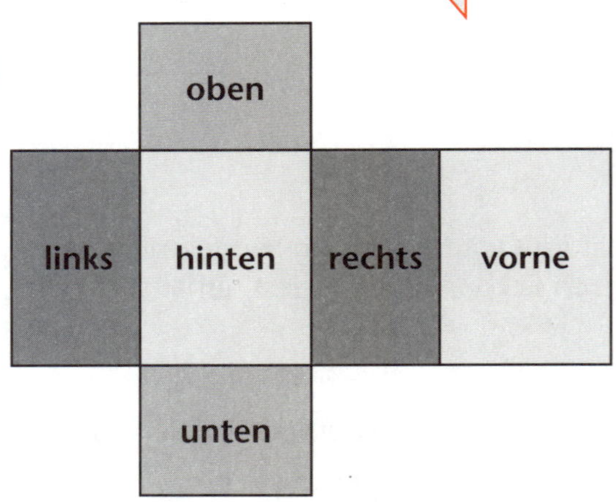

Je zwei Flächen des Quadernetzes sind gleiche Rechtecke. Bemale sie mit der gleichen Farbe.
Kreuze die richtige Antwort an:

Gleiche Flächen liegen im Quader
- ☐ nebeneinander
- ☐ gegenüber

In der Mathematik bezeichnet man diese Flächen so:

L1

nebeneinander
gegenüber

Ü1

Man kann eine Schachtel natürlich entlang verschiedener Kanten aufschneiden und bekommt so verschieden aussehende Quadernetze.

Welche von diesen Figuren sind Quadernetze? ____________________
(Übertrage die Abbildungen auf kariertes Papier, schneide sie aus und überprüfe deine Überlegungen durch Zusammenfalten der Figuren.)

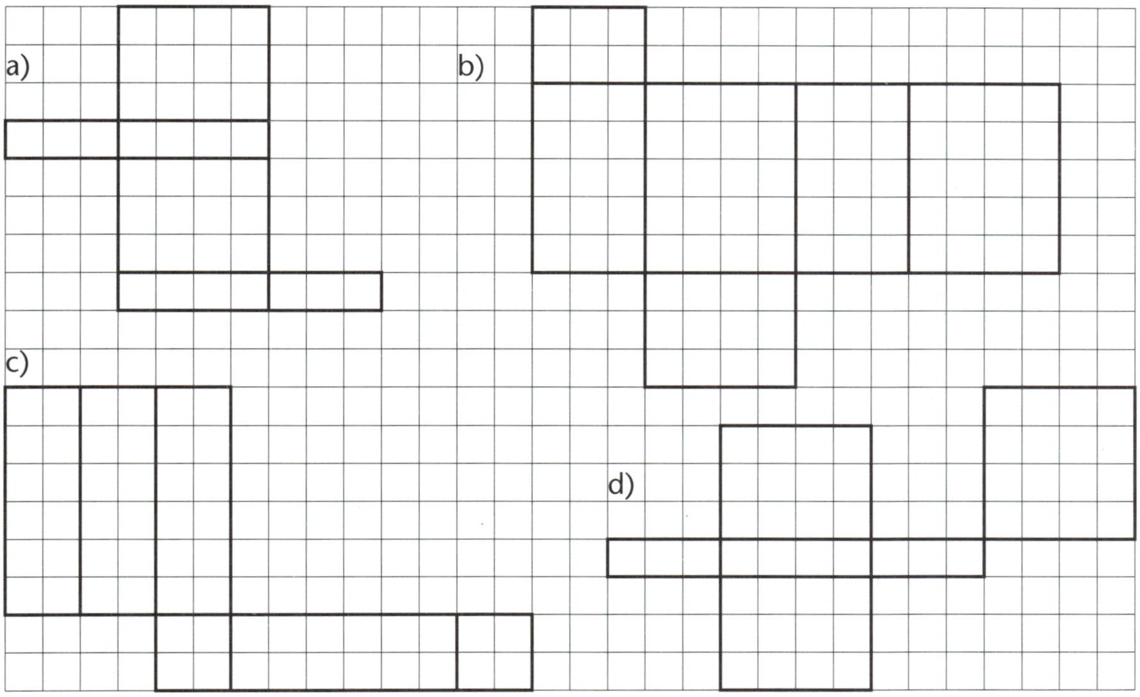

L1

Ü2

Hoppala, da fehlt doch was!
Ergänze die Abbildungen zu Quadernetzen. Es gibt mehrere richtige Lösungen!
Miss die Seiten ab, die du für deine Zeichnungen brauchst!

a)

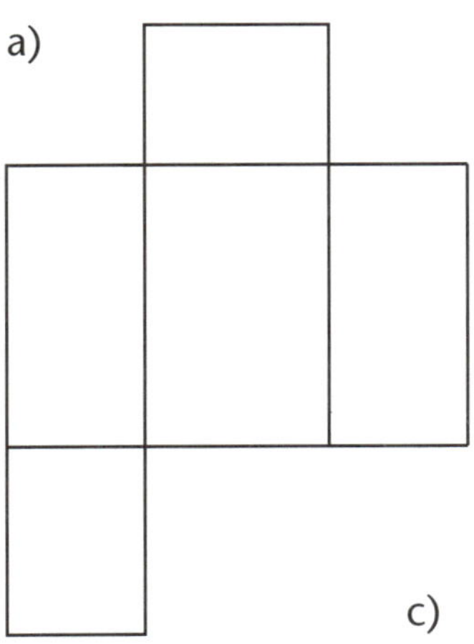

b)

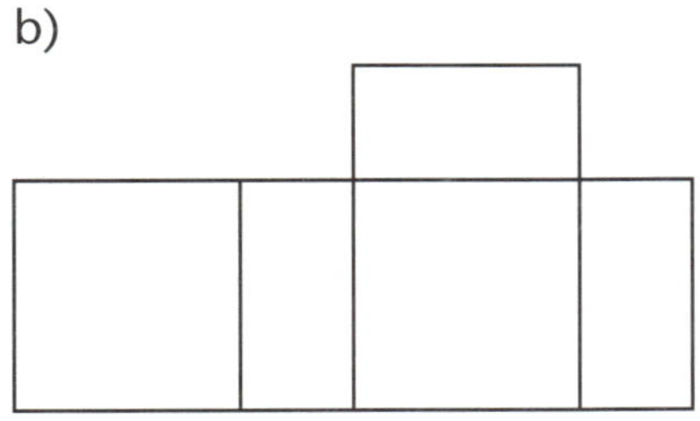

c)

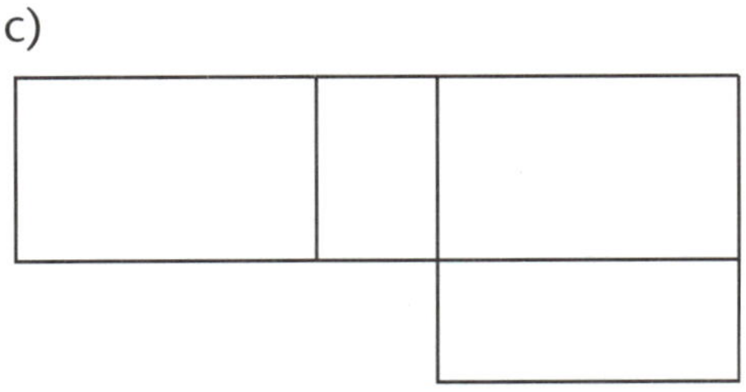

L2

WÜRFELNETZE

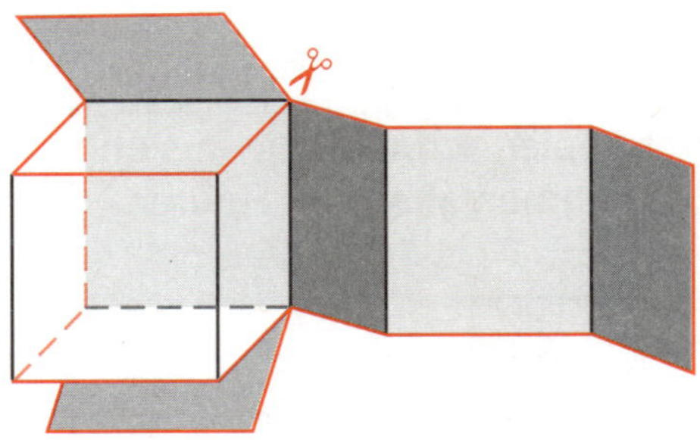

Genauso wie einen Quader kannst du auch einen Würfel entlang verschiedener Kanten aufschneiden: Ein **Wüfelnetz** entsteht.

Ü1

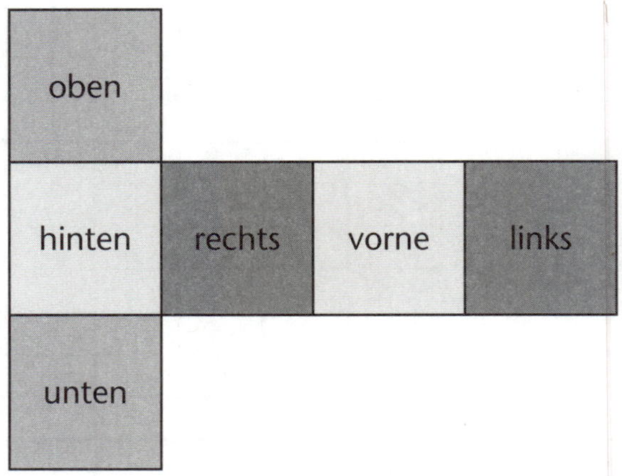

Alle 6 Flächen des Würfelnetzes sind 6 gleich große

______________________.

L1

Ü2 Lege 6 (5, 4, 3, 2) Streichhölzchen so um, dass jedes Mal neue Würfelnetze entstehen.
(Es gibt verschiedene Lösungen!)

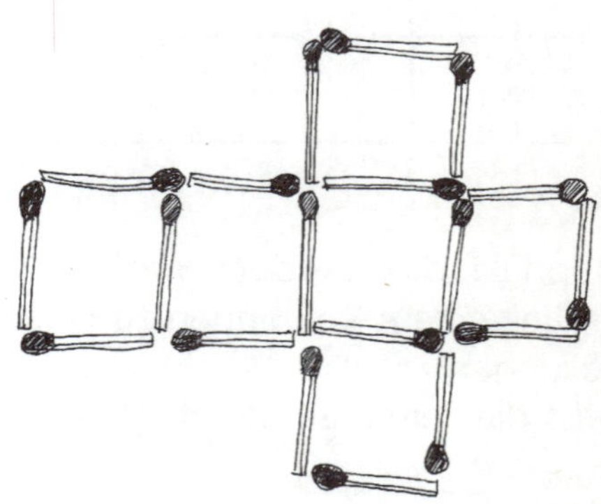

L3

Ü3 Achtung „Blindgänger"!

a) Welches dieser vier Netze ist **kein** Würfelnetz? Streiche es durch!

b) Markiere die Kante, die mit der roten Kante zusammenstößt, wenn du aus den Netzen Würfel faltest.

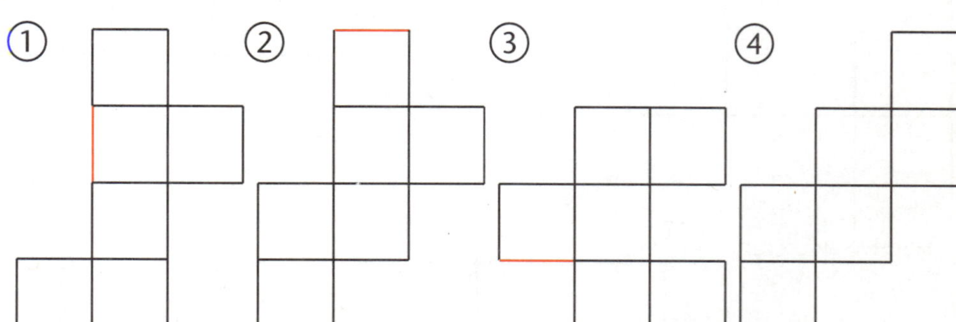

Ü4 Versuche nun selbst vier verschiedene Würfelnetze mit der Kantenlänge a = 2,5 cm zu „erfinden". Verwende dazu kariertes Papier und überprüfe deine Zeichnungen, indem du die Netze ausschneidest und zusammenfaltest.

Ü1 Zeichne die fehlenden Würfelaugen ein!

drei Würfel

von vorne | von hinten

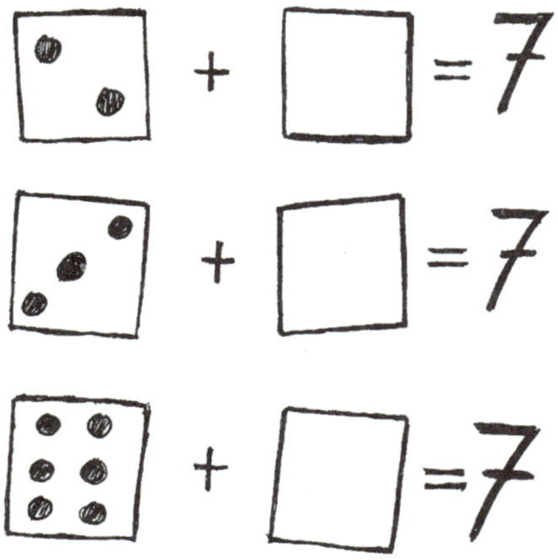

L1

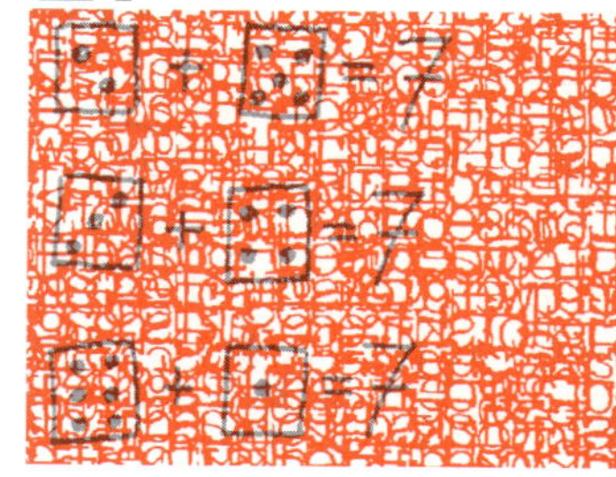

Ü2 Schreibe die richtige Augenzahl zu den Würfeln.

a)
hinten: _____
links: _____
unten: _____

b)
hinten: _____
rechts: _____
unten: _____

c)
oben: _____
links: _____
hinten: _____

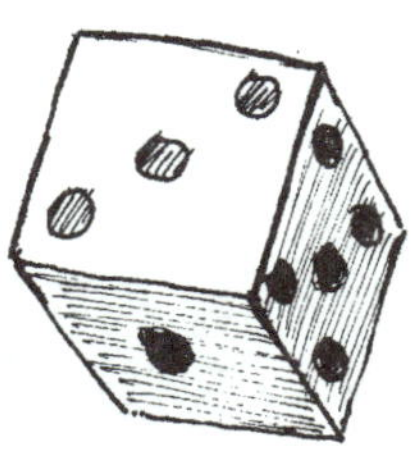

d)
oben: _____
rechts: _____
hinten: _____

L2

a) 5, 3, 6
b) 1, 4, 2
c) 6, 2, 4
d) 2, 1, 3

Urcool und mega in sind **aktive Lernpausen**.
Nach jeder Leineinheit (ca. 35–50 Minuten) plane eine Pause ein (10–20 Minuten).
Dreh **super Musik** auf und tu deinem Body etwas Gutes mit ein paar **Turn-** oder **Entspannungsübungen**. (Einige Beispiele findest du in diesem Heft, andere Übungen kennst du ja vom Turnunterricht.)
Auch **zeichnen** und dabei Musik hören oder ein kurzes **Spiel** zur Abwechslung lässt dein Gehirn so richtig abschalten.
Trink ein **Glas Wasser** und danach geht´s mit frischem Schwung und neuer Energie wieder weiter.

Mit dieser Übung kannst du deine **Aufmerksamkeit** erhöhen und dadurch auch dein **Kopfrechnen** verbessern.

Massiere mit Daumen und Zeigefinger deine Ohren. Fange oben an, ziehe die Ohren leicht nach hinten und fahre mit deinen Fingern die Rundung entlang bis hinunter zum Ohrläppchen. Du kannst dabei auch laut gähnen.

Wiederhole das mehrmals langsam, dann bist du fit für Mathe.

OBERFLÄCHE

Erinnere dich!

Rechtecksfläche:

Länge mal Breite
A = a . b

So berechnest du die Größe der Oberfläche eines Quaders

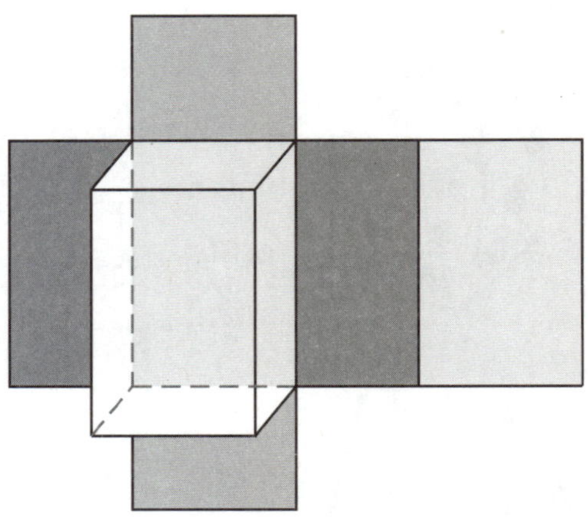

Alle 6 **Begrenzungsflächen** eines Quaders zusammen bilden seine **Oberfläche.**

Die **Größe der Oberfläche** (der Oberflächeninhalt) ist also nichts anderes als der **Flächeninhalt des Quadernetzes.**
Das Netz besteht aus **6 Rechtecken**, von denen **jeweils 2 gleich groß** sind.

1.ART

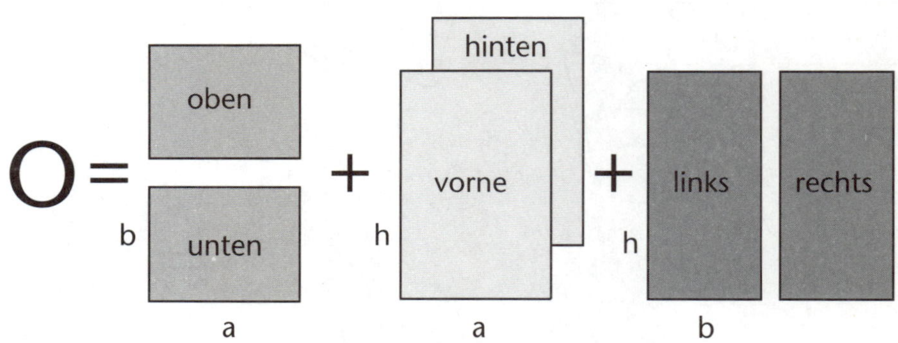

O = (a . b) . 2 + (a . h) . 2 + (b . h) . 2

2.ART

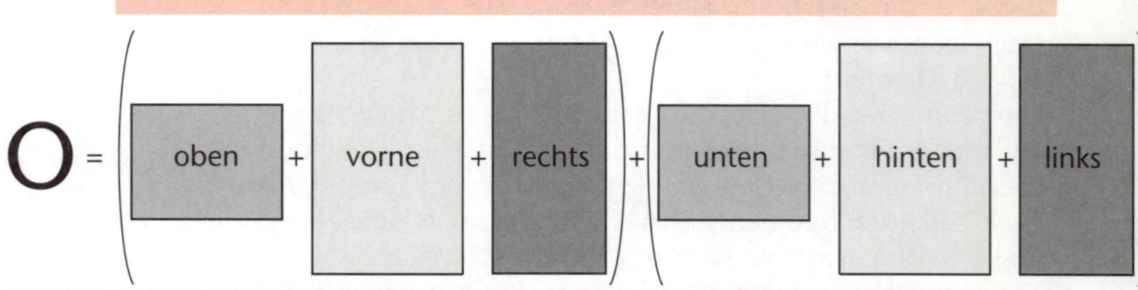

O = (a . b + a . h + b . h) . 2

So rechnest du übersichtlich in deinem Heft

ANGABE: Quader: ①

$a = 4\,dm\,5\,cm = 4{,}5\,dm$
$b = 3{,}2\,dm$
$h = 6\,dm$

$O = ?$

HAUPTRECHNUNG:

② $O = (a \cdot b + a \cdot h + b \cdot h) \cdot 2$

③ $O = (4{,}5 \cdot 3{,}2 + 4{,}5 \cdot 6 + 3{,}2 \cdot 6) \cdot 2$

$O = 121{,}20$

NEBENRECHNUNGEN:

④
```
4,5 . 3,2      4,5 . 6       14,40      60,60 . 2
135            27,0          27,0       121,20
  90                         19,2
14,40          3,2 . 6       60,60
               19,2
```

ERGEBNIS:

⑤ $O = 121{,}20\,dm^2$

RECHENREZEPT:

① Angabe umwandeln, wenn nötig! (gleiche Einheiten)
② Formel anschreiben
③ Zahlen einsetzen
④ ausrechnen
⑤ Ergebnis anschreiben (mit Maßeinheit)

Rechne in **einer Maßeinheit**

Ü1 Berechne, wie groß die Oberfläche der folgenden Quader ist:

	a)	b)	c)	d)	e)
Länge a	3 cm	7 dm	5,8 m	1,8 cm	7,8 dm
Breite b	2 cm	4 dm	3,2 m	0,7 cm	6,3 dm
Höhe h	5 cm	12 dm	2 m	39 mm	1 m
Oberfläche O					

Ü2 Wie groß ist die Oberfläche der drei Quader?

a)

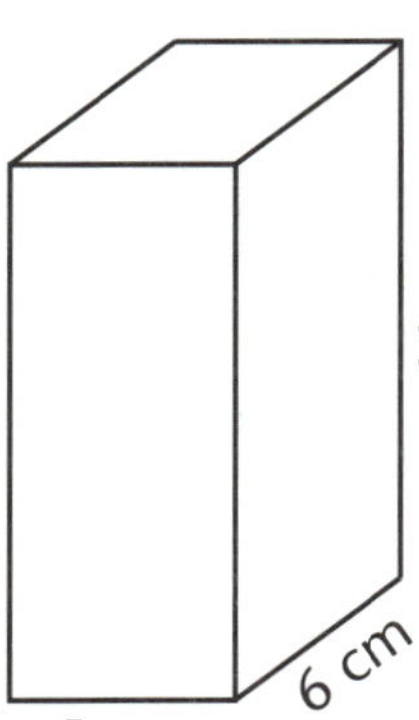

$O =$ _______ cm^2

b)

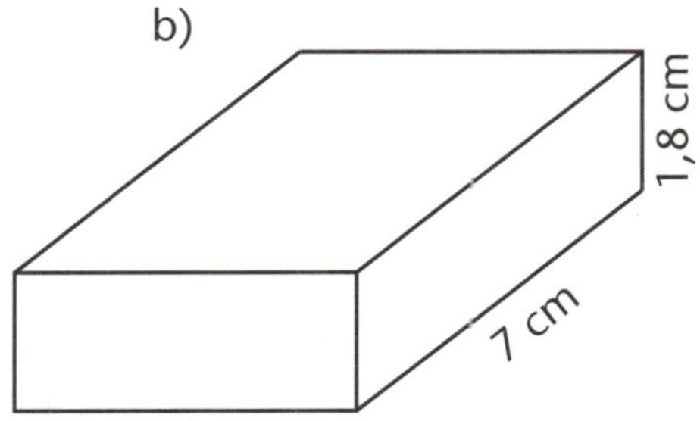

$O =$ _______ cm^2

c)

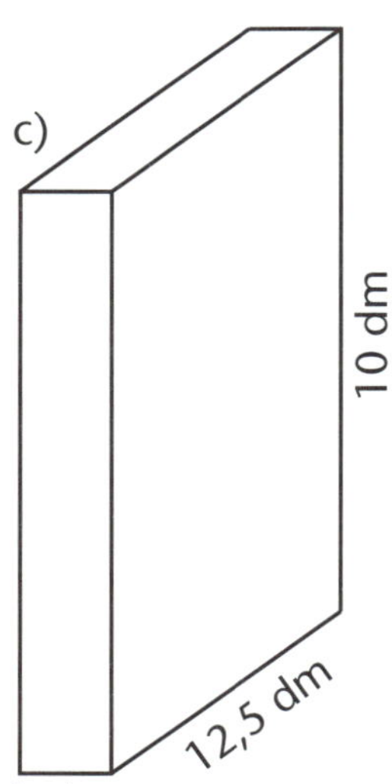

$O =$ _______ cm^2

L1

a) $62\,cm^2$
b) $320\,dm^2$
c) $73{,}12\,m^2$
d) $22{,}02\,cm^2$
e) $380{,}28\,dm^2$

L2

a) $302\,cm^2$
b) $70{,}96\,cm^2$
c) $295\,dm^2$

Viele Verpackungsschachteln haben eine **quadratische Grundfläche.**

Das Netz so eines **quadratischen Quaders**:

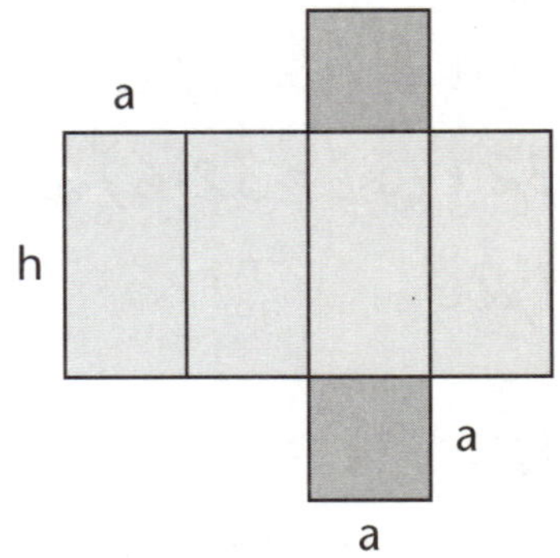

Die **Größe der Oberfläche** kannst du daher ganz easy so berechnen:

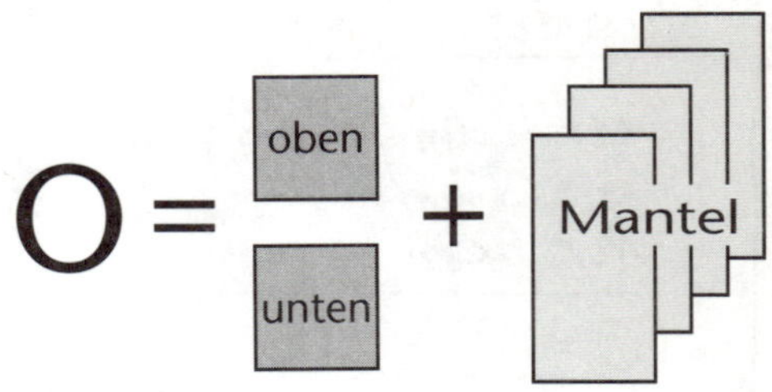

Es besteht aus
2 gleichen Quadraten und
4 gleichen Rechtecken.

$$O = a \cdot a \cdot 2 + a \cdot h \cdot 4$$

L1

a) 378 cm²
b) 258 cm²
c) 453,6 cm²

Ü1 Wie groß ist die Oberfläche dieser Schachteln?

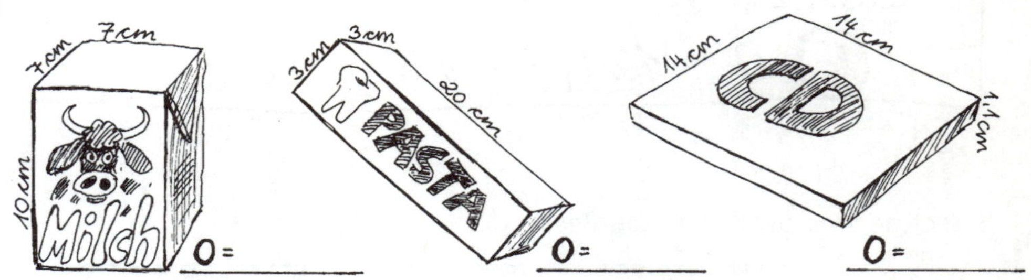

Manchmal musst du auch die Oberfläche von **Quadern** berechnen, die keinen „Deckel" haben, also **oben offen** sind.

Das **Netz** besteht aus der **Grundfläche** und der **Mantelfläche**.

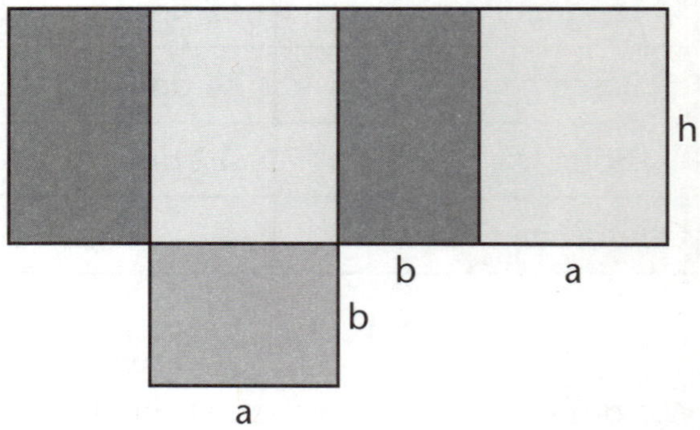

Die **Größe der Oberfläche** kannst du daher so berechnen:

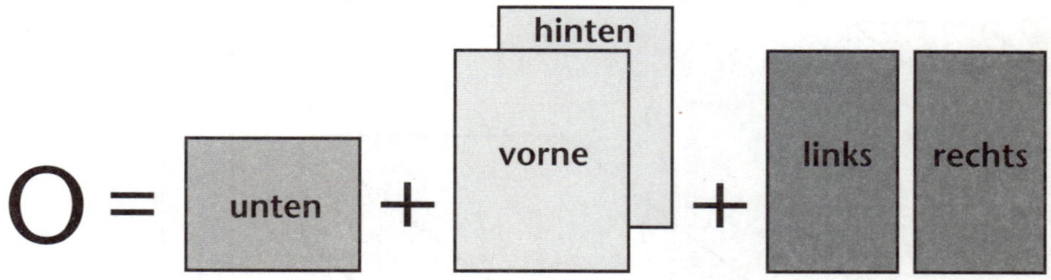

$$O = a \cdot b + a \cdot h \cdot 2 + b \cdot h \cdot 2$$

L2

a) 643 cm²
b) 250,2 cm²
c) 275 cm²
b, c, a

Ü2 Berechne die Oberfläche der quaderförmigen Vasen und ordne sie der Größe nach:
a) a = 15 cm, b = 13 cm, h = 8 cm
b) Länge = 9 cm, Breite = 5,4 cm, Höhe = 7 cm
c) 5 cm / 5 cm / 12,5 cm

So berechnest du die Größe der Oberfläche eines Würfels

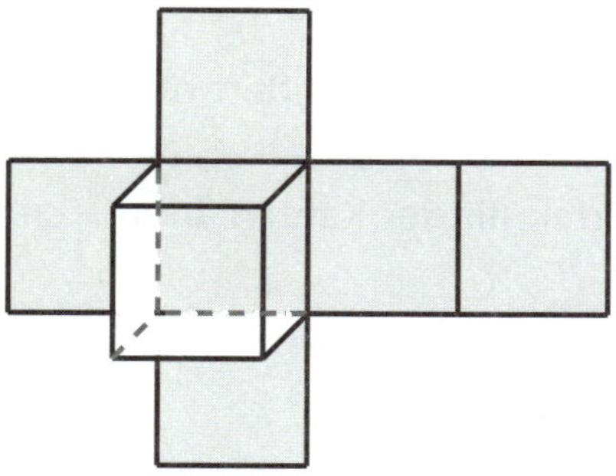

Ein **Würfel** ist ein **besonderer Quader**. Seine Begrenzungsflächen sind 6 gleich große

Quadrate.

Rechne in
einer Maßeinheit!

Berechnung:

O = unten + oben + vorne + hinten + links + rechts

O = a . a . 6

Würfel:

① $a = 5\,dm\ 8\,cm = 5{,}8\,dm$ (oder 58 cm)

$O = ?$

② $O = a \cdot a \cdot 6$

③ $O = 5{,}8 \cdot 5{,}8 \cdot 6$

$O = 201{,}84$

④
5,8 . 5,8
290
464
33,64 . 6
201,84

⑤ $O = 201{,}84\,dm^2$

RECHENREZEPT:

① Angabe umwandeln, wenn nötig! (eine Einheit)
② Formel anschreiben
③ Zahlen einsetzen
④ ausrechnen
⑤ Ergebnis anschreiben (mit Maßeinheit)

Ü1 Berechne, wie groß die Oberfläche der folgenden Würfel ist:

	a)	b)	c)	d)
Kantenlänge a	12 cm	7 dm 5 cm	16,2 mm	0,9 m
Oberfläche O				

L1

a) $864\,cm^2$
b) $337{,}5\,dm^2$
c) $1574{,}64\,mm^2$
d) $4{,}86\,m^2$

RAUMINHALT / VOLUMEN

Für das **Messen** eines **Rauminhaltes** (= Volumen) verwendest du **Einheitswürfel**.

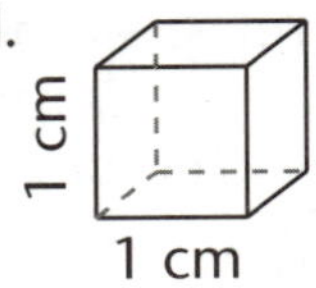

$1\ cm^3$ ... Würfel mit der Kantenlänge 1 cm

L1

a) $6\ cm^3$
b) $11\ cm^3$
c) $12\ cm^3$

Ü1

Wie groß ist der Rauminhalt folgender Figuren?
Jeder Würfel hat die Kantenlänge 1 cm. (Zerlege die Körper in einzelne „Türme", dann kannst du die Einheitswürfel leicht abzählen.)

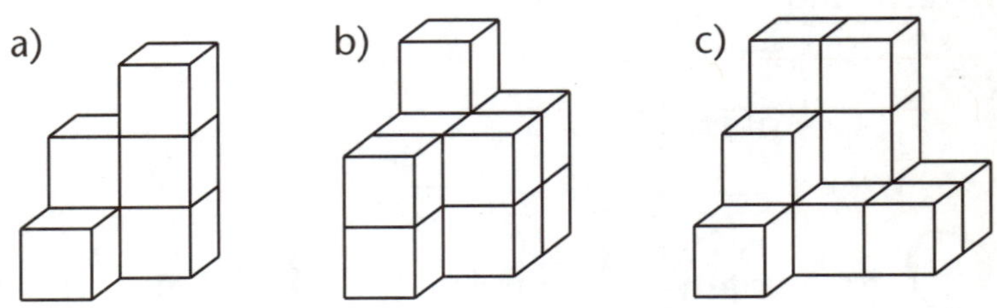

Umrechnung

$1\ m^3 = 1\,000\ dm^3$
$1\ dm^3 = 1\,000\ cm^3$
$1\ cm^3 = 1\,000\ mm^3$

Umrechnung zu Hohlmaßen

$1\ dm^3 = 1\ l$
$1\ cm^3 = 1\ ml$

Umrechnung zwischen Hohlmaßen

1 hl = 100 l
1 l = 10 dl (Deziliter)
1 l = 100 cl (Zentiliter)
1 l = 1 000 ml (Milliliter)

RAUMMASSE

Für das **Messen** von **Rauminhalten** verwendest du folgende **Raummaße**:

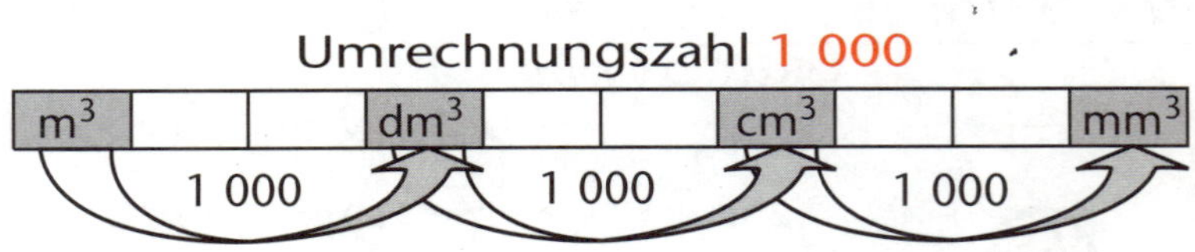

Für das **Messen** von **Flüssigkeiten** verwendest du folgende **Hohlmaße**:

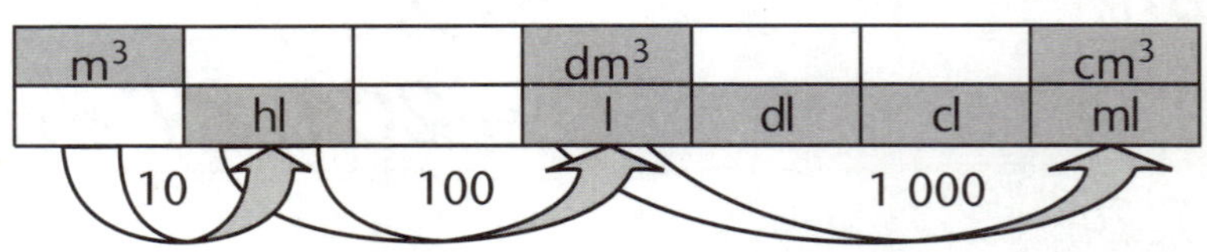

$1\ m^3 = 10\ hl$ (Hektoliter)

$1\ dm^3 = 1\ l$ (Liter)

$1\ cm^3 = 1\ ml$

Ü2

(·100 →, ← :100)

hl	l
8	
	5 300
4,7	

(= →, ← =)

l	dm³
17	
	0,5
620	

(·10 →, ← :10)

m³	hl
9	
82	
	3000

(= →, ← =)

cm³	ml
	6
	0,2
51	

L2

a) 800 l, 53 hl, 470 l
b) $17\ dm^3$, 0,5 l, $620\ dm^3$
c) 90 hl, 820 hl, $300\ m^3$
d) $6\ cm^3$, $0{,}2\ cm^3$, 51 ml

Überlege anhand der folgenden Skizze, dass wirklich 1 000 cm³ in 1 dm³ enthalten sind. (Der Würfel ist verkleinert dargestellt.)

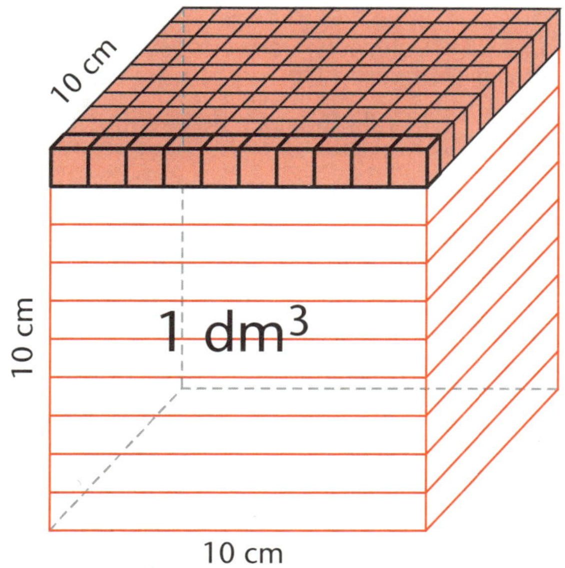

1 Reihe ... 10 Würfel

1 Schicht ... 10 x 10 Würfel
= 100 Würfel

10 Schichten ... 10 x 100 Würfel
= 1 000 Würfel

L1

a) 3 000 dm³, 47 m³, 10 000 dm³
b) 5 dm³, 65 000 cm³, 4,5 dm³
c) 52 800 mm³, 0,9 cm³, 1 850 mm³

Mal 1 000 heißt:
- 3 Nullen anhängen

oder
- **Komma** um 3 Stellen **nach rechts** verschieben

Ü1

Ergänze die Umrechnungstabellen!

. 1 000 →

m³	dm³
3	
	47 000
10	

← : 1 000

. 1 000 →

dm³	cm³
	5 000
65	
	4 500

← : 1 000

. 1 000 →

cm³	mm³
52,8	
	900
1,85	

← : 1 000

Dividiert durch 1 000 heißt:
- 3 Nullen wegstreichen

oder
- **Komma** um 3 Stellen **nach links** verschieben

L2

a) 3 dm³ 250 cm³ = 3 250 cm³ = 3 250 000 mm³
b) 40 cm³ 711 mm³ = 40,711 cm³ = 40 711 mm³
c) 5 m³ 400 dm³ 920 cm³ = 5 400,92 dm³ = 5 400 920 cm³
d) 88 cm³ 56 mm³ = 88,056 cm³ = 88 056 mm³
e) 6 dm³ 200 cm³ = 6 200 cm³ = 6,2 dm³

Ü2

Eine Einheitstabelle hilft dir beim Umwandeln in verschiedene Maßeinheiten.

	m³			dm³			cm³			mm³		
a)						3	2	5				
b)								4		7	1	1
c)			5	4			9	2				
d)								8	8		5	6
e)						6	2					

a) _____ dm³ ______ cm³ = ________________ cm³ = __________________ mm³

b) _____ cm³ ______ mm³ = ________________ cm³ = __________________ mm³

c) _____ m³ _____ dm³ _______ cm³ = ________________ dm³ = ________________ cm³

d) _____ cm³ _____ mm³ = ________________ cm³ = __________________ mm³

e) _____ dm³ ________ cm³ = ________________ cm³ = ________________ dm³

Mit der folgenden Übung bringst du sowohl deine beiden Gehirnhälften als auch deinen Kreislauf so richtig auf Touren.

Setze dich auf deinen Sessel und verschränke die Arme im Nacken. Nun ziehst du abwechselnd den **rechten Ellbogen** zum **linken Knie** und den **linken Ellbogen** zum **rechten Knie**. Die Knie darfst du dabei leicht anheben. Dazu passt natürlich deine Lieblingsmusik.
Übe langsam und mache mindestens 20 Wiederholungen – oder schaffst du mehr?

VOLUMEN VON QUADER UND WÜRFEL

So berechnest du das Volumen eines Quaders

Quader:
Länge a = 5 cm
Breite b = 4 cm
Höhe h = 3 cm

V = ?

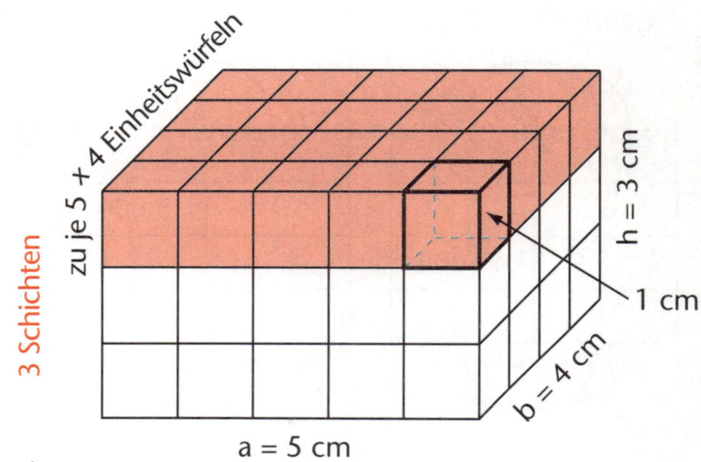

So setzt sich der Quader zusammen:
Je eine Schicht besteht aus
5 (= Länge) mal 4 (= Breite)
Einheitswürfeln von $1 cm^3$.
3 (= Höhe) solche Schichten gibt es.

$V = 5 \cdot 4 \cdot 3\ cm^3$

$V = 60\ cm^3$

Das Volumen des Quaders ist also:
Länge mal Breite mal Höhe

V = a . b . h

L1

a) 24 cm³
b) 96 m³
c) 210 dm³
d) 1 000 mm³ = 1 cm³

Ü1 Berechne das Volumen der Quader im Kopf:

Länge a Breite b Höhe h	4 cm 3 cm 2 cm	8 m 4 m 3 m	6 dm 5 dm 7 dm	20 mm 10 mm 5 mm
Volumen V				

Quader:

$a = 25\,cm$
$b = 17\,cm$
$h = 42\,mm$ ① $= 4{,}2\,cm$
$V = ?$

② $V = a \cdot b \cdot h$
③ $V = 25 \cdot 17 \cdot 4{,}2$
$V = 1785$

④
```
25 . 17
 175
 425 . 4,2
 1700
  850
 1785,0
```

⑤ $V = 1785\,cm^3 = 1\,dm^3\;785\,cm^3$

RECHENREZEPT:

1. Angabe umwandeln (gleiche Einheiten!)
2. Formeln anschreiben
3. Zahlen einsetzen
4. ausrechnen
5. Ergebnis anschreiben (mit Maßeinheiten)

Ü1 Berechne das Volumen der Quader:
Achte auf die Einheiten!

	a)	b)	c)	d)
Länge a Breite b Höhe h	12 cm 8 cm 5 cm	24 mm 19 mm 1 cm	5 m 3 dm 4 m 8 dm 9 dm	1,5 dm 12 cm 0,8 dm
Volumen V				

Rechne in **einer Maßeinheit!**

L1

a) $480\,cm^3$
b) $4\,560\,mm^3 = 4\,cm^3\;560\,mm^3$
c) $22\,896\,dm^3 = 22\,m^3\;896\,dm^3$
d) $60{,}8\,m^3 = 60\,m^3\;800\,dm^3$

So berechnest du das Volumen eines Würfels

Würfel:
Kantenlänge
$a = 3\,cm$
$V = ?$

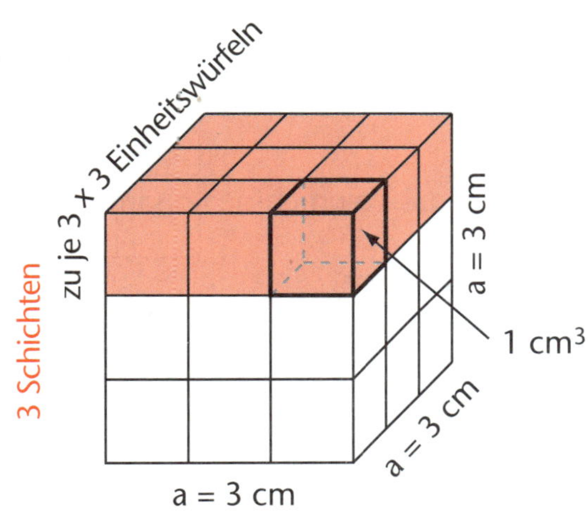

Überlege: Du kannst den **Würfel** als **besonderen Quader** betrachten und mit der Formel V = a . b . h auch das Volumen des Würfels berechnen.
Da **Länge, Breite und Höhe gleich** sind, ist das Volumen des Würfels also:

$V = 3 \cdot 3 \cdot 3\,cm^3$

$V = 27\,cm^3$

Kantenlänge mal Kantenlänge mal Kantenlänge → Formel → $\mathbf{V = a \cdot a \cdot a}$

L1

a) 1 m³
b) 8 dm³
c) 27 cm³
d) 64 mm³
e) 125 dm³
f) 216 cm³

Gemischte Zahlen umwandeln!

Ü1

Berechne das Volumen der Würfel im Kopf:

	a)	b)	c)	d)	e)	f)
Kantenlänge a	1 m	2 dm	3 cm	4 mm	5 dm	6 cm
Volumen V						

Würfel:

a = 1 dm 6 cm = 1,6 dm (oder 16 cm)
V = ?

V = a · a · a
V = 1,6 · 1,6 · 1,6
V = 4,096

V = 4,096 dm³

1,6 · 1,6
96
2,56 · 1,6
1536
4,096

L2

a) 1 000 cm³ = 1 dm³
b) 42 875 mm³ = 42,875 cm³
c) 6 859 cm³ = 6,859 dm³
d) 74,088 cm³
e) 0,512 m³

Ü2

Berechne das Volumen der Würfel! Achte auf die Einheiten!

	a)	b)	c)	d)	e)
Kantenlänge a	10 cm	3 cm 5 mm	1 dm 9 cm	4,2 cm	0,8 m
Volumen V					

RECHENREZEPT:

1. Körper zerlegen in Quader/Würfel
2. fehlende Seiten berechnen
3. Volumen der einzelnen Quader/Würfel berechnen
4. alle Volumen addieren
5. Ergebnis (mit Maßeinheit)

Ü3

Berechne das Volumen der zusammengesetzten Körper:

a)

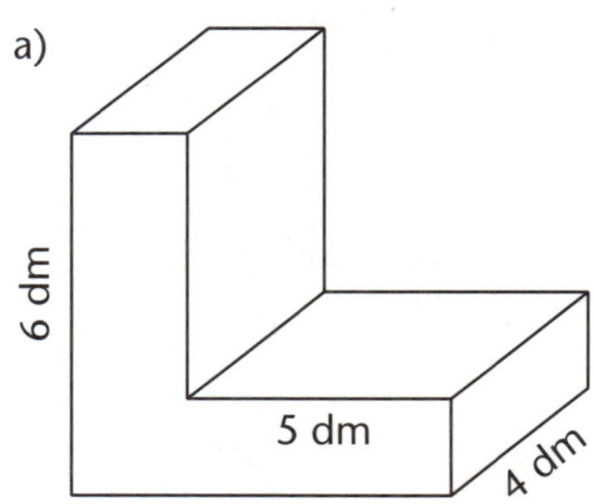

b)

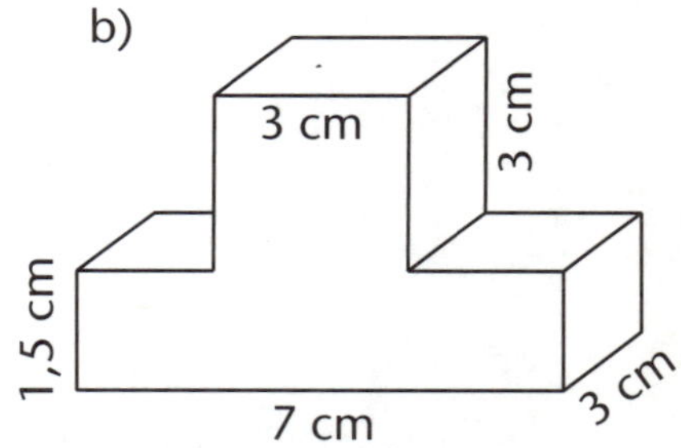

c)

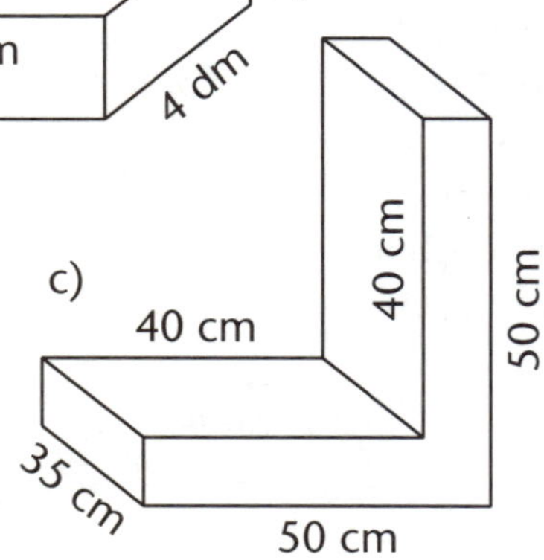

L3

a) V = 112 dm³
b) V = 58,5 cm³
c) V = 31 500 cm³ = 31,5 dm³

Bevor du mit Mathe weiter machst, lege eine **Pause** ein:

Die folgende Übung stammt zwar aus der Steinzeit, bringt aber deinen müden Body so richtig in Schwung.

Hüpfe am Platz, grätsche und schließe dabei die Beine abwechselnd. Gleichzeitig hebe und senke die gestreckten Arme wie ein Hampelmann.

Los geht´s – volle Tube – mindestens 2 Minuten lang. Natürlich darf dein Lieblingshit dazu nicht fehlen!

Ü1 Suche die Drillinge (sie haben dasselbe Volumen) und male sie an! Maße in cm.

Die Drillinge: ___________

Ihr Volumen: ___________

Haben sie auch dieselbe Oberfläche? ☐ ja ☐ nein

L1

a) $V = 216\ cm^3$
$O = 228\ cm^2$
b) $V = 224\ cm^3$
$O = 232\ cm^2$
c) $V = 216\ cm^3$
$O = 216\ cm^2$
d) $V = 245\ cm^3$
$O = 238\ cm^2$
e) $V = 216\ cm^3$
$O = 246\ cm^2$
a, c, e
$V = 216\ cm^3$
☐ ja ☒ nein

So berechnest du Kantenlängen eines Quaders, wenn das Volumen gegeben ist

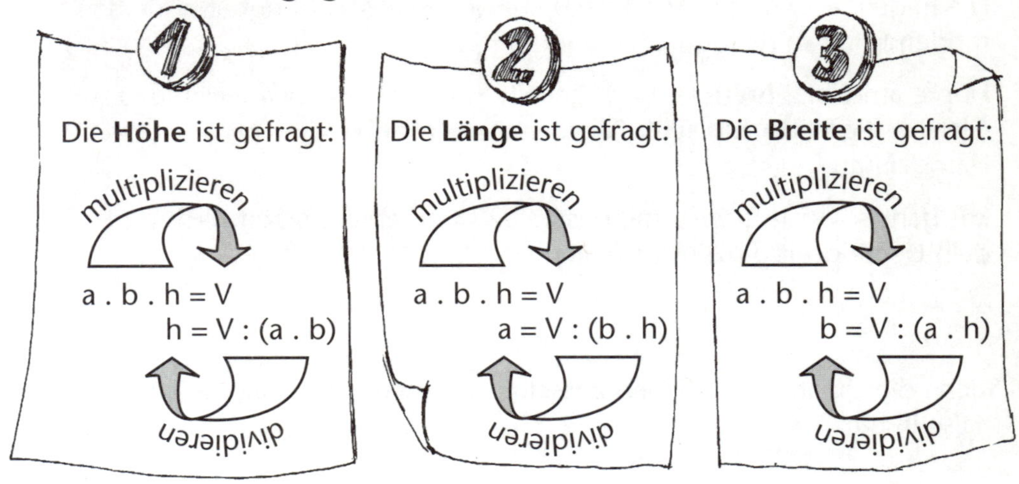

Die **Division** ist die **Umkehrung** der **Multiplikation.**

Damit kannst du Kantenlängen berechnen:

Quader:
a = 5 cm
b = 3 cm
$V = 60\,cm^3$
h = ?

$h = V : (a \cdot b)$
$h = 60 : (5 \cdot 3)$
$h = 4$
h = 4 cm

$5 \cdot 3$
15

60 : 15 = 4
00 R

L1

a) 8 cm
h = V : (a . b)
b) 10 m
a = V : (b . h)
c) 6 dm
b = V : (a . h)
d) 2 cm
h = V : (a . b)

Ü1 Berechne die Länge (Breite, Höhe) der Quader und schreibe die richtige Formel dazu:

	a)	b)	c)	d)
Volumen V	$800\,cm^3$	$280\,m^3$	$162\,dm^3$	$84\,cm^3$
Länge a	20 cm		6 dm	70 mm
Breite b	5 cm	4 m		6 cm
Höhe h		7 m	4,5 dm	
Formel				

KEINE ANGST VOR TEXTAUFGABEN

① Lies den Text **langsam** und **aufmerksam** durch. Bei schwierigen und langen Texten kann ein **zweites Mal** nicht schaden.

② **Markiere das, was gefragt ist,** mit einem Textliner oder Farbstift. „Übersetze" den gefragten Begriff in einen **mathematischen Ausdruck.** (Vergleiche dazu die „Mathematikvokabeln" unten.)

③ Schreib den Text nun als **„mathematische Kurzfassung"** an, z. B.:

Quader:	a = 5 cm	Achte darauf, dass du nur in
	b = 40 mm = 4 cm	**einer Maßeinheit** rechnest!
	h = 3, 5 cm	Wandle um, wenn nötig!
	O = ?	

④ Mache eine **Skizze** oder/und verwende deine **Modelle**.

⑤ Schreib die **Formel** an, die du zur Berechnung der gesuchten Größe brauchst.

⑥ Überlege, was du **zusätzlich** beachten musst (**z. B.** ein Schwimmbecken verfliesen – Achtung: Es hat **keine Deckfläche**!).

⑦ Nun **rechnest du** ganz locker drauf los – wie sonst – und

⑧ schreibst das **Ergebnis** als **Antwort in einem ganzen Satz** (mit entsprechender Maßeinheit) unter die fertige Rechnung.

RECHENREZEPT:

① Text genau lesen
② markieren (Was ist gefragt?)
③ Angabe anschreiben, wenn nötig umwandeln (Maßeinheiten beachten)
④ Skizze, Modelle
⑤ Formel
⑥ Änderungen notwendig?
⑦ Rechnung (Ordnung im Heft)
⑧ Antwortsatz (Maßeinheit)

Hinter diesen Wörtern „versteckt sich" die Oberfläche:

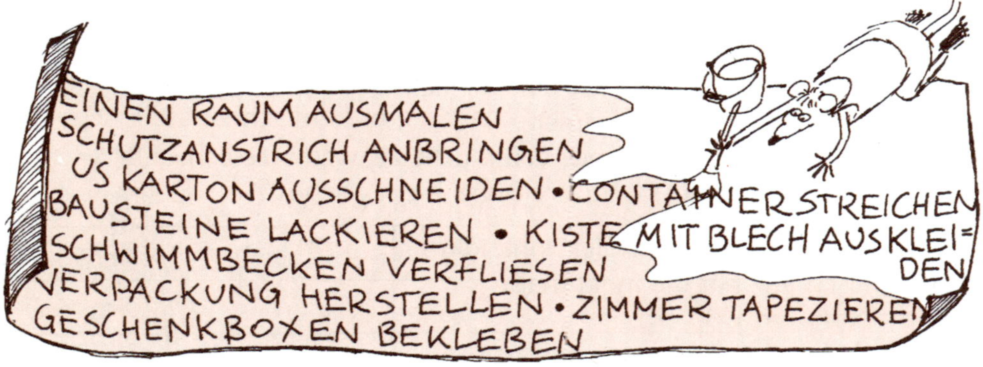

Hinter diesen Wörtern „versteckt sich" das Volumen:

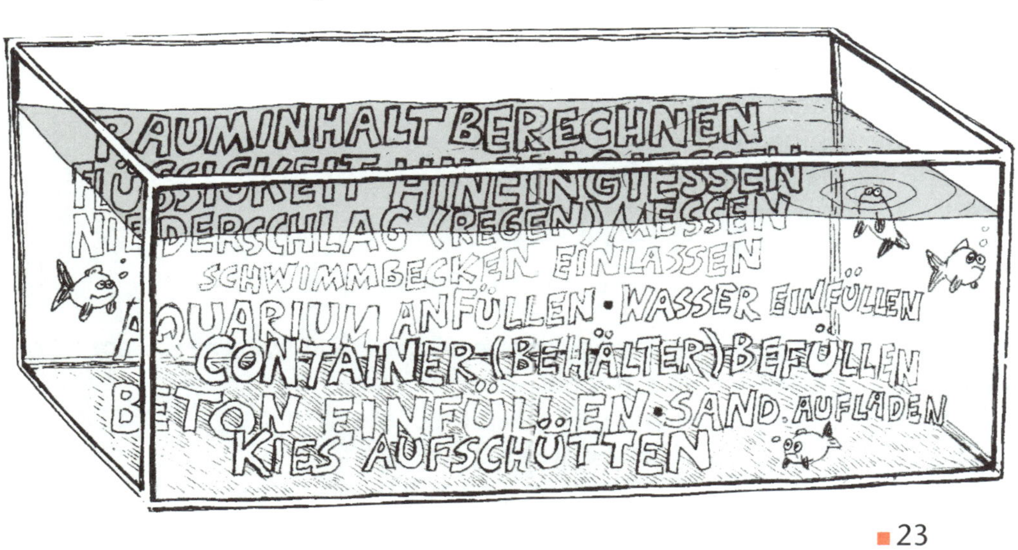

L1

a) 1,75 m³
b) 10,9 m² Bezug

Ü1 Die Hochsprungmatte in der Schule ist 2,5 m lang, 1,4 m breit und 0,5 m hoch.

a) Wie viel Schaumgummi wurde für die Füllung benötigt?
b) Wie viel Plastikbezug brauchte man für die Matte?

L2

a) 79 dm², 94 dm², 14 650 cm²
b) 60 l, 84 l, 157,5 l (157 500 cm³ = 157,5 dm³)
c) h = 3,4 dm

Ü2 In einer Tierhandlung werden oben offene Aquarien in drei verschiedenen Größen angeboten:

1. Aquarium:	2. Aquarium:	3. Aquarium:
a = 5 dm	a = 6 dm	a = 70 cm
b = 3 dm	b = 4 dm	b = 45 cm
h = 4 dm	h = 3,5 dm	c = 50 cm

a) Wie viel Glas braucht man für die Herstellung des ersten (zweiten, dritten) Aquariums?
b) Wie viel Liter Wasser fasst jedes Aquarium, wenn man es ganz bis zum oberen Rand anfüllen würde?
c) Wie hoch steht das Wasser im ersten Aquarium, wenn man nur 51 Liter Wasser einfüllt?

L3

a) O = 61,44 dm²; 50 x O = 3 072 dm²; 103 Dosen
b) 1 638,4 dm³ Holz

Ü3 Die Kinder im Kindergarten dürfen die 50 würfelförmigen Bauklötze aus Holz (Kantenlänge 3,2 dm) neu bemalen.

a) Wie viel Farbdosen brauchen sie, wenn eine Dose für 30 dm² reicht?
b) Wie viel Holz wurde für die Herstellung der 50 Würfel gebraucht?

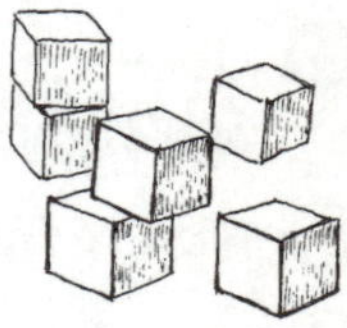

L4

nein, V = 51 750 cm³ = 51,75 l

Ü4 Onkel Hubsi möchte sein Blumenkistchen (Länge 125 cm, Breite 18 cm, Höhe 23 cm) neu mit Erde füllen. Er hat noch einen 35 l Sack Erde vom Vorjahr übrig. Reicht dieser aus?

L5

O = 504 cm²

Ü5

Tanja beklebt eine Schachtel für eine CD mit Geschenkpapier.
Wie viel Papier verbraucht sie, wenn die Schachtel 14 cm lang, 14 cm breit und 2 cm hoch ist?

L6

a = 50 cm, b = 45 cm, h = 80 cm
V = 180 l

Ü6 Aus einem Prospekt eines Elektrohändlers:
Ein Kühlschrank hat die Innenmaße 50 cm x 45 cm x 80 cm.
Wie viel Liter Fassungsvermögen hat er?

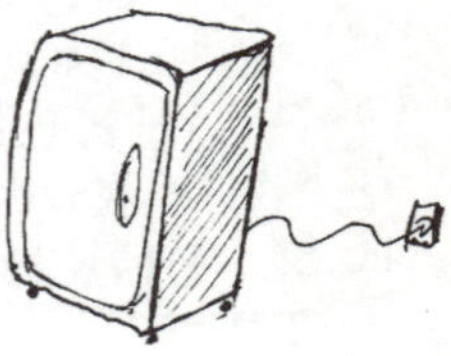

L7

a) O = 52,4 m²
b) Tiefe: 1,7 m
V = 34 m³ = 34 000 dm³ = 34 000 l = 340 hl

Ü7 Familie Feuerstein hat ein Schwimmbecken, das 5 m lang, 4 m breit und 1,8 m tief ist.

a) Wie viele m² Fliesen muss Herr Feuerstein einkaufen, damit er das Becken neu verfliesen kann?
b) Wie viel hl Wasser müssen eingefüllt werden, wenn das Wasser bis 10 cm unter den Rand reicht?
Überlege die neue Tiefe, die du zum Berechnen brauchst.

L8

Achtung: oben offen!
a) 695 cm²
b) 1 500 cm³

Ü8

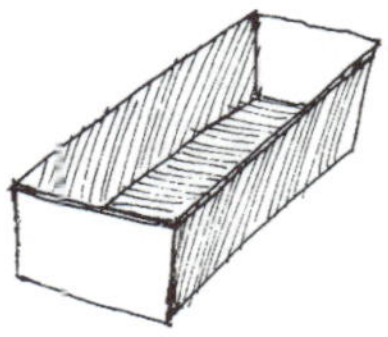

Frau Joppi kauft eine neue Kuchenform (25 cm lang, 80 mm breit, 7,5 cm tief).

a) Wie viel Blech brauchte man zur Herstellung der Form?
b) Wie viel Teig passt hinein?

DIE „KNIFFELSEITEN“

Ü1 Kreuze an, ob es hier um die Oberfläche oder das Volumen geht.

	O	V
• Einen Schiffscontainer beladen.	☐	☐
• Eine Baugrube ausheben.	☐	☐
• Einen Raum ausmalen.	☐	☐
• Blumenkistchen mit Erde füllen.	☐	☐
• Bausteine bemalen.	☐	☐
• Ein Schwimmbecken verfliesen.	☐	☐
• Das Wasser eines Aquariums wechseln.	☐	☐
• Eine Biotonne ausleeren.	☐	☐
• Eine Schachtel aus Karton basteln.	☐	☐
• Einen Hasenstall mit einem Schutzanstrich versehen.	☐	☐
• Schutt auf einen Lastwagen aufladen.	☐	☐

L1

[illegible]

Ü2 Kniffelfix malt drei Würfel an. Für den kleinsten Würfel braucht er eine Tube Farbe. Wie viele Tuben Farbe braucht er, wenn man die Kantenlänge des Würfels
a) verdoppelt
b) verdreifacht?
Zeichne zuerst die „Würfelgitter“ fertig und schreibe die richtige Anzahl der Farbtuben dazu.

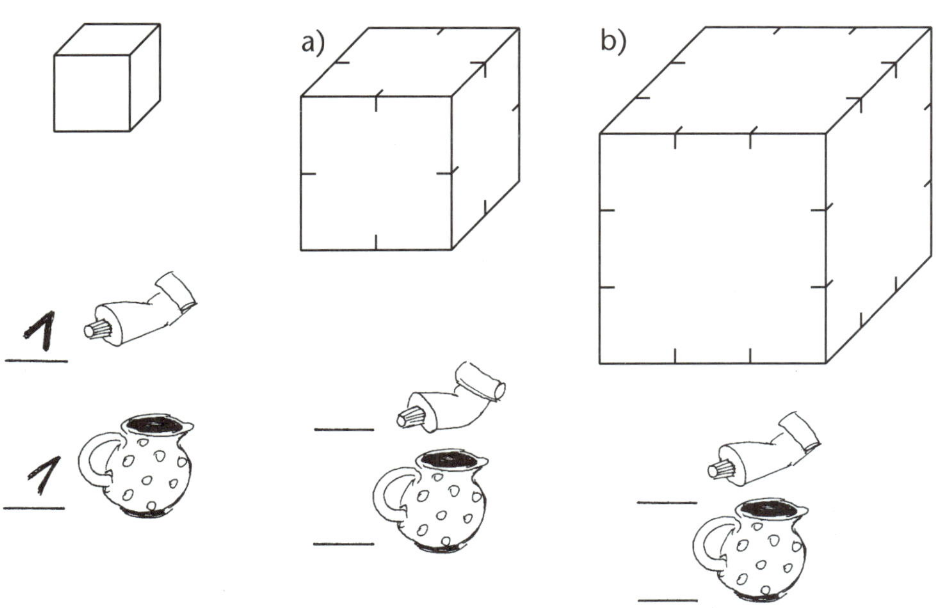

L2

a) 4 Tuben
b) 9 Tuben

Ü3 In den ersten Würfeln passt genau 1 Kanne Wasser.

a) In den zweiten Würfel passt ______ mal so viel Wasser.

b) In den dritten Würfel passt ______ mal so viel Wasser.

L3

a) 8 mal
b) 27 mal

Ü1 Diesee Kärtchen sind „Baupläne" für Quader bzw. Würfel – außer zweien.

a) Suche die falschen Kärtchen heraus: ___________

b) Kreuze bei jedem Kärtchen die richtigen Lösungen an!

①

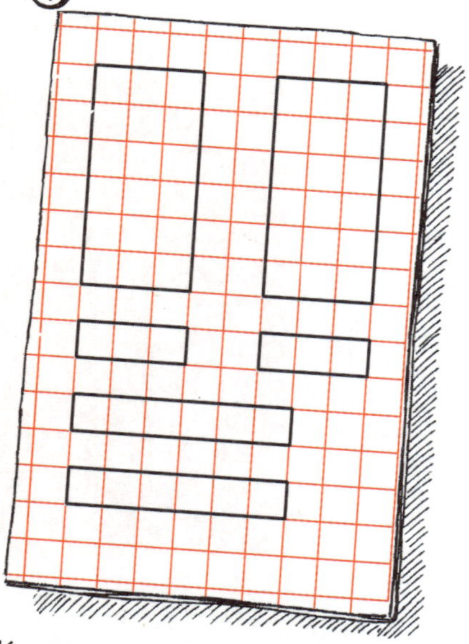

Kantenmodell ☐ Würfel ☐
Flächenmodell ☐ Quader ☐

②

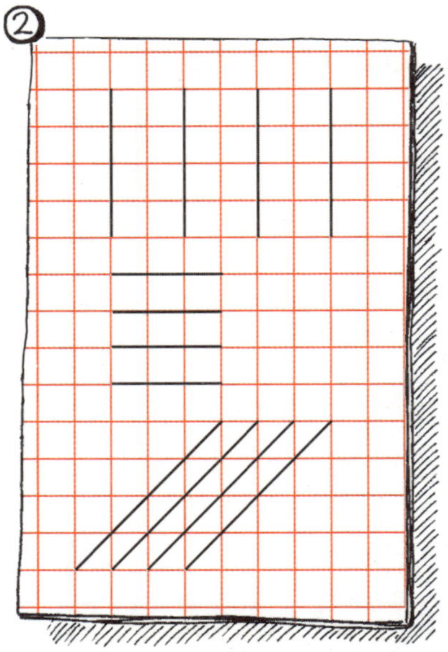

Kantenmodell ☐ Würfel ☐
Flächenmodell ☐ Quader ☐

③

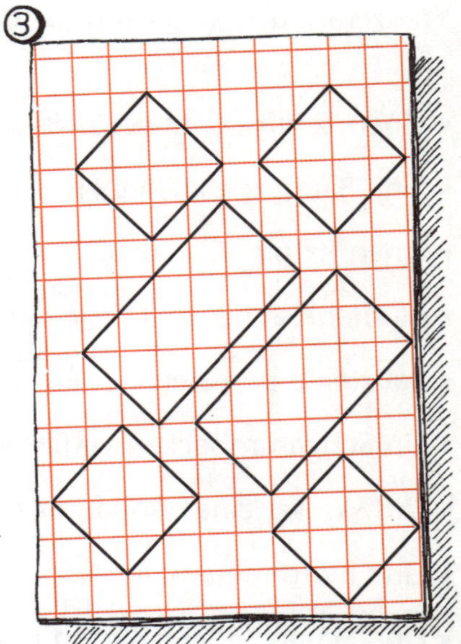

Kantenmodell ☐ Würfel ☐
Flächenmodell ☐ Quader ☐

④

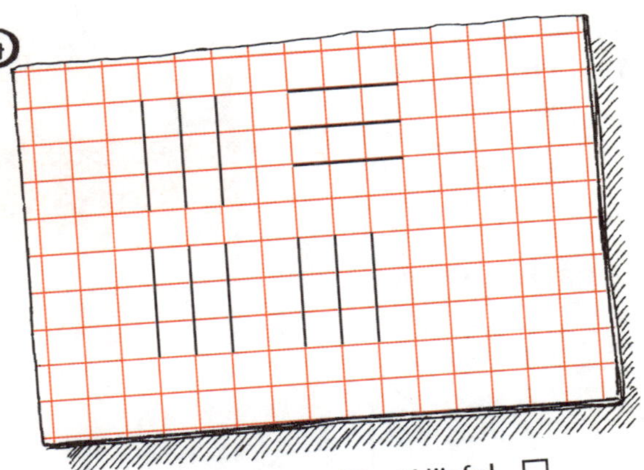

Kantenmodell ☐ Würfel ☐
Flächenmodell ☐ Quader ☐

⑤

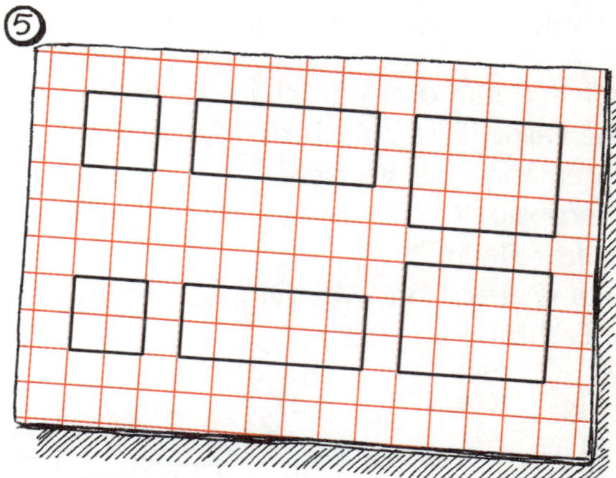

Kantenmodell ☐ Würfel ☐
Flächenmodell ☐ Quader ☐

⑥

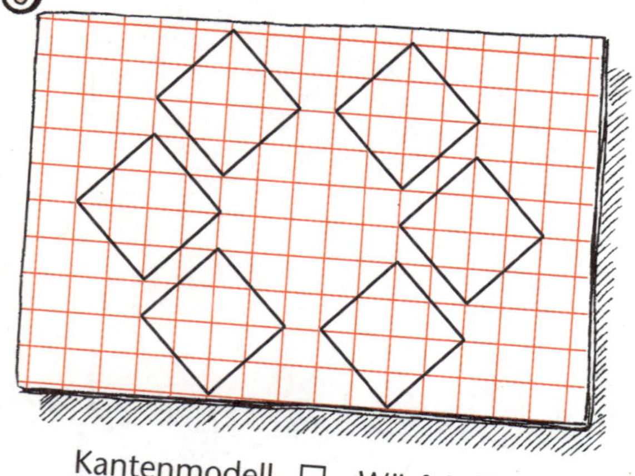

Kantenmodell ☐ Würfel ☐
Flächenmodell ☐ Quader ☐

⑦

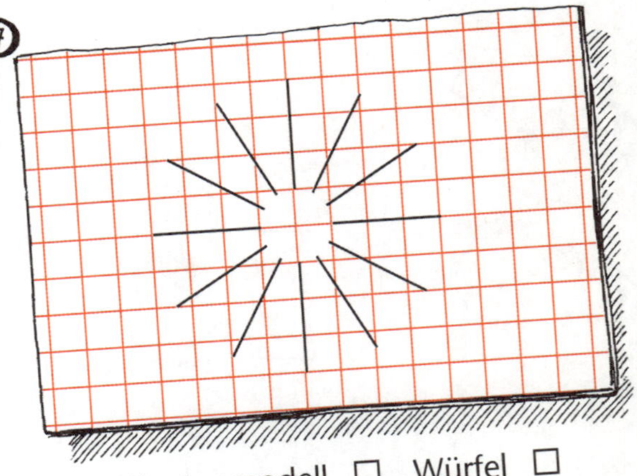

Kantenmodell ☐ Würfel ☐
Flächenmodell ☐ Quader ☐

a) ③, ⑤ b) ① Flächenmodell, Quader; ② Kantenmodell, Quader; ④ Kantenmodell, Würfel; ⑥ Flächenmodell, Würfel; ⑦ Kantenmodell, Würfel

Ü1 Welche Netze passen zu diesem Würfel?
Übertrage die Netze auf Karton, schneide sie aus und überprüfe dein Ergebnis, indem du die Würfelnetze zusammenfaltest.

L1

a)

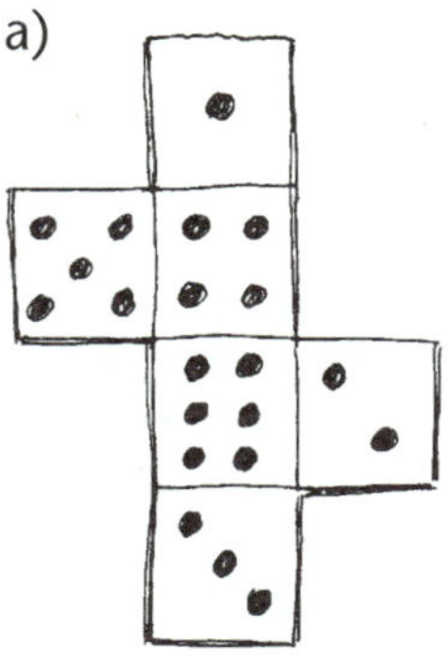

b)

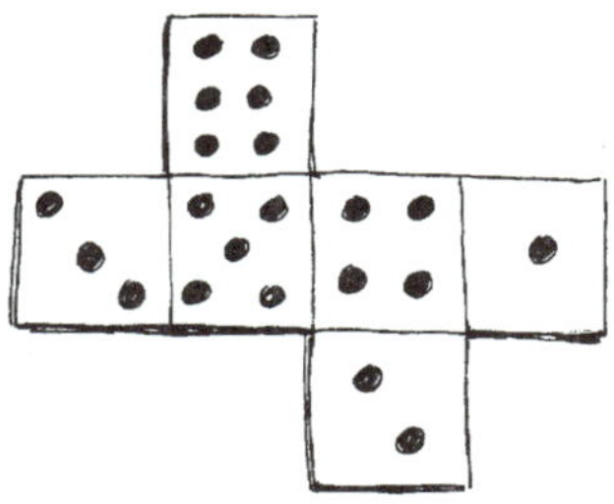

c)

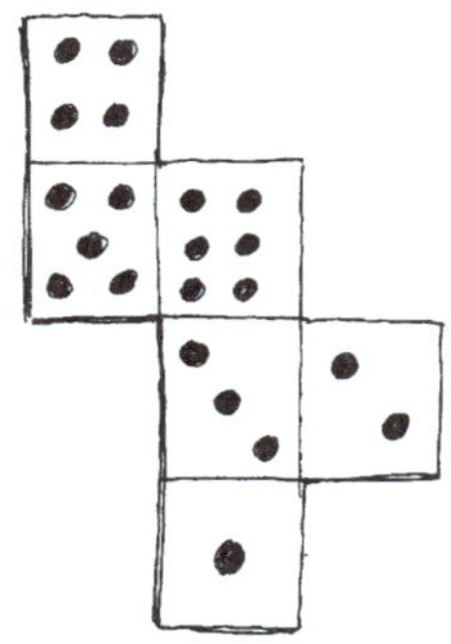

Ü2 Zeichne bei allen Würfeln die markierte Ecke ein!
Verwende dazu dein Würfelmodell.
Suche zuerst die richtige Ecke und markiere sie auf deinem Modell.
So kannst du diese Aufgabe ganz easy lösen.

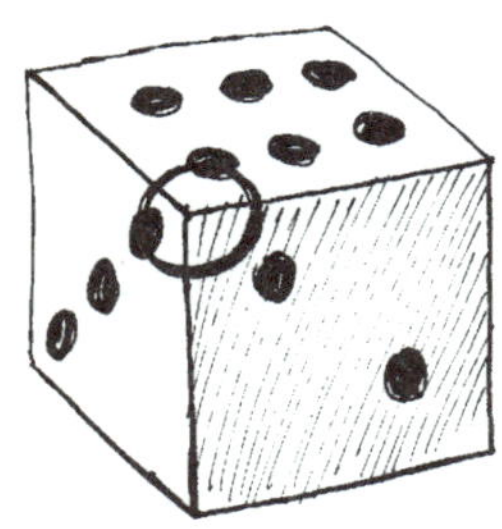

L2

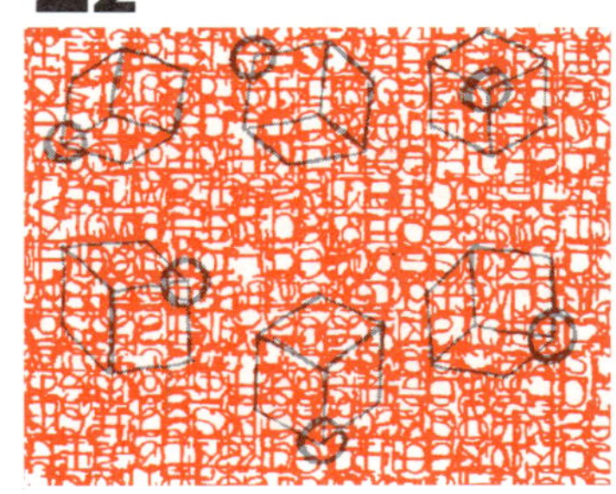

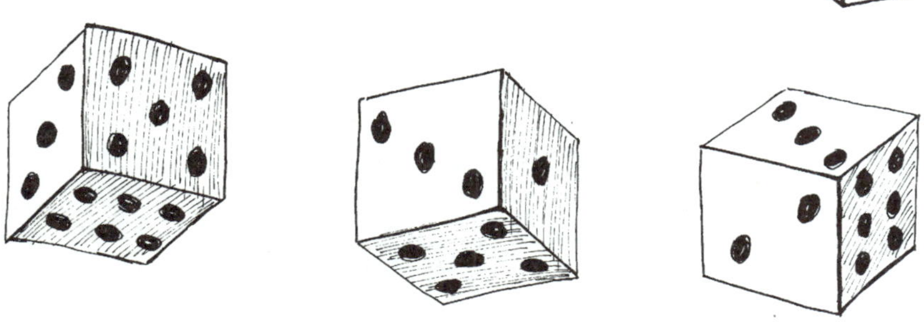

L1

b, c

Ü1

Dieser Würfel dreht sich um eine Stange.
Du siehst denselben Würfel dann nochmals von zwei verschiedenen Seiten.
Suche diese zwei richtigen Bilder aus den drei Möglichkeiten heraus.

a)

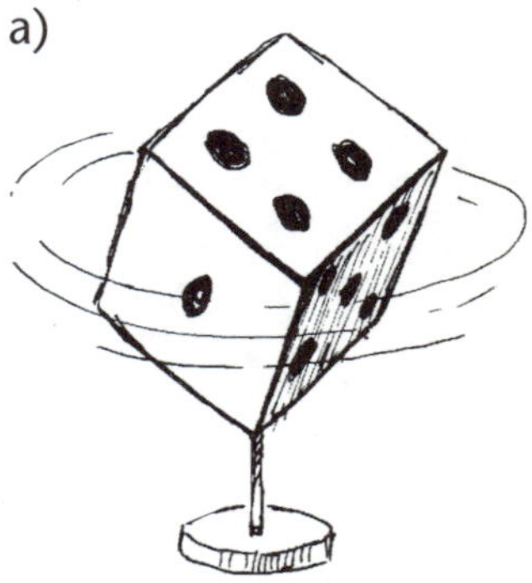

b)

c)

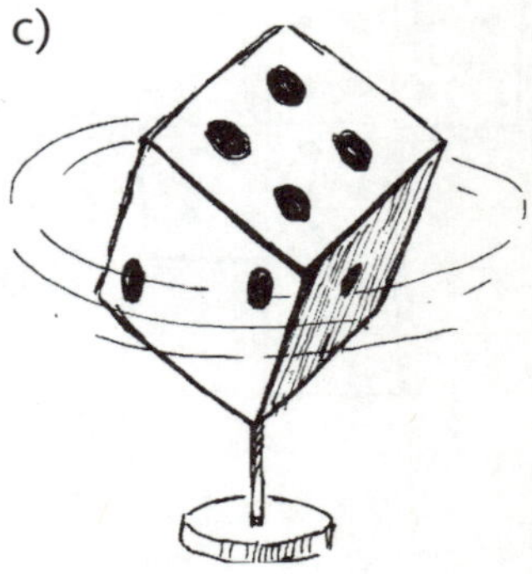

L2

b) 27 Stücke
c) 4 Würfel
12 Würfel
9 Würfel
2 Würfel

Ü2

Kniffelfix hat Geburtstag. Er bekommt eine Käsetorte in Form eines Würfels. Die Torte ist mit rosa Marzipan überzogen, der Boden natürlich nicht. Der Käsewürfel hat eine Kantenlänge von drei Zentimetern.

a) Bemale die Torte.
b) Kniffelfix zerschneidet seine „Torte“ in lauter Einheitswürfel ($1 cm^3$).
   Es gibt ______ solche „Tortenstücke“.
c) Nicht alle „Tortenstücke“ sehen gleich aus.
   Es gibt _____ Würfel mit 3 Marzipanflächen.
   Es gibt _____ Würfel mit 2 Marzipanflächen.
   Es gibt _____ Würfel mit 1 Marzipanfläche.
   Es gibt _____ Würfel mit gar keiner Marzipanfläche.

Ü1 Hier hat Kniffelfix die Zeilen vertauscht. Verbinde jeweils eine Kantenlänge mit der dazu passenden Oberfläche und dem Volumen mit einem Strich.

WÜRFEL

Kantenlänge a	Oberfläche O	Volumen V
3 cm	600 cm²	27 cm³
10 cm	6 cm²	1 cm³
5 cm	54 cm²	125 cm³
1 cm	216 cm²	216 cm³
6 cm	150 cm²	1000 cm³

Ü2 Jeweils ein Quader (bzw. Würfel), ein O und ein V gehören zusammen. Drinnen stehen die Kantenlänge, die Oberfläche und das Volumen eines Quaders (bzw. Würfels).
Male die drei Figuren, die zusammenpassen, mit derselben Farbe an.

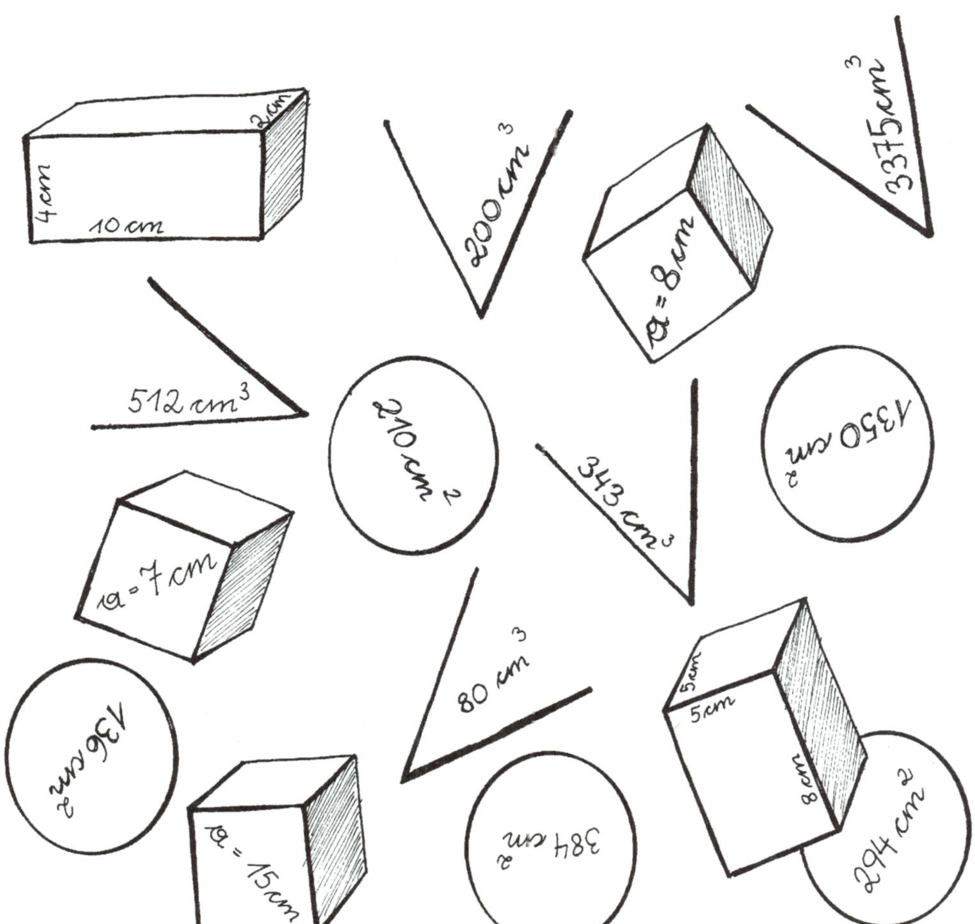

L1

3 – 54 – 27
10 – 600 – 1 000
5 – 150 – 125
1 – 6 – 1
6 – 216 – 216

L2

7 – 294 – 343
8 – 384 – 512
15 – 1 350 – 3 375
5/5/8 – 210 – 200
10/2/4 – 136 – 80

L1

a) O = 306 mm^2
V = 270 mm^3
b) h = 10 cm
O = 392 cm^2
c) b = 7 m
O = 295,6 m^2
d) a = 15 dm
O = 694 dm^2

Ü1 Berechne die fehlenden Größen. Trage die Ergebnisse und die Formeln, die du für die Rechnungen brauchst, in die Tabelle ein!

	a)	b)	c)	d)
Länge a	6 mm	12 cm	9,4 m	
Breite b	3 mm	8 cm		7 dm
Höhe h	15 mm		5 m	11 dm
Oberfl. O				
Volumen V		960 cm^3	329 m^3	1 155 dm^3
Formeln	V =	h =	b =	a =
	O =			

L2

a) O = 26,46 dm^2
V = 9,261 dm^3
b) a = 4 dm
V = 64 dm^3
c) a = 3 dm
O = 54 dm^2
d) O = 1,5 m^2
V = 0,125 m^3

Ü2

	a)	b)	c)	d)
Kantenl. a	2 dm 1 cm			0,5 m
Oberfl. O		96 cm^2		
Volumen V			27 dm^3	
Formeln	O =	a = ?	a = ?	O =
	V =	V =	O =	V =

Gratuliere! Du hast dich toll bis zum Schluss durchgeschlagen. Ich bin sicher, dass Quader- und Würfel-Berechnungen für dich kein Problem mehr darstellen werden.
Damit alle Formeln wirklich gut in deinen kleinen grauen Zellen verankert bleiben, mache zum Abschluss noch folgende Übung:

Setze dich bequem auf den Boden und schreibe nun zuerst mit dem **rechten Bein**, dann mit dem **linken Bein alle Formeln**, die du auf dieser Seite verwendet hast, groß **in die Luft**.

MODELLE ZUM AUSSCHNEIDEN

1. Schneide diese Seite entlang der gestrichelten Linie aus dem Heft heraus.
2. Klebe sie auf ein Zeichenblatt auf.
3. Schneide die Modelle aus.
4. Falte die Falzstreifen und die einzelnen Flächen nach hinten.
5. Bestreiche die Falzstreifen mit Klebstoff und drücke die entsprechenden Flächen fest darauf.
6. Nun brauchst du noch etwas Geduld, bis der Klebstoff getrocknet ist.

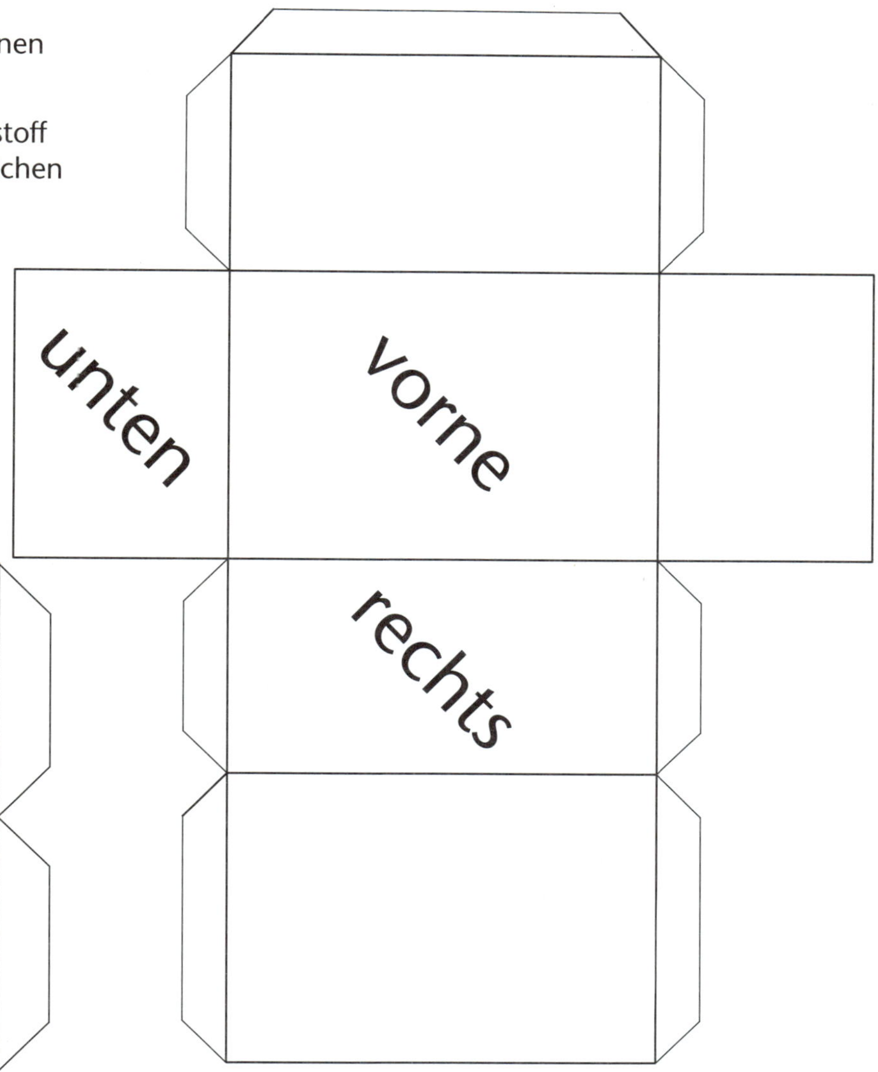

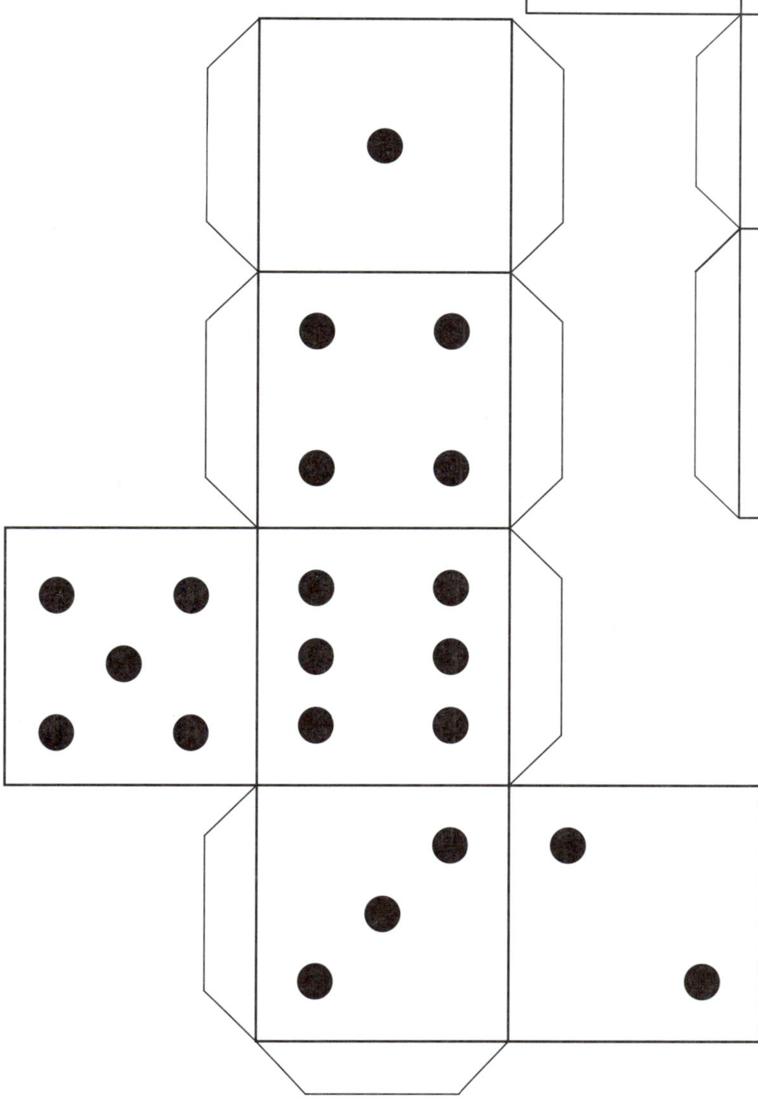